《我與孩子的數學對話》

Dialogue in Math

~為什麼國小數學要這樣算？
~孩子很想問的幾個數學問題

羅一亮

使用指南

慢讀、慢想。本書對孩子而言可能不太合適當小說一般快速翻看，想造出果子，會需要的是時間和沈靜。

高斯說的一句話影響我許多：「寧可少些，但要好些」。

本書可用於：

1. 親子共讀材料。

   每個禮拜固定　個時段，開設家庭讀書會，讓孩子與爸爸媽媽選擇一個小單元共讀，作為親子互動的數學土壤。

2. 高年級寒暑假指定書籍。

   可提供孩子在寒暑假階段，進入第二輪的概念再建構，有些是具體物的講解，有些是不同方向的討論，這將對孩子的內化有所益處。也可作為預習自學、或書寫心得感想的書單。

3. 教師備課參考。

   供老師們作觀念切入點的選擇，以及講解的補充，這 100 個主題都是我課堂實驗過的項目，供學校老師作連結激盪之用。

序言

敝人於教學現場摸索約 20 年，面對數學課堂有感，這一科，教學環境改革不快，但是上課速度總是飛快。

觀察許多學習情況中等的學生，天天面對考試，面對這過於快速的節奏，經常都只是模模糊糊的，有時不得已先得過且過，但一不小心沒跟上，常常就被拋在後面了。這種學習方式，像是餐桌上有滿漢全席 108 道大菜，但卻被規定 30 分鐘內要全部吃完，吃完還要背菜名，孩子能怎麼做？只能越吃越快，甚至先吞下去再說，完全沒有知覺或享受可言。

但我們都知道，只有細嚼慢嚥才能有益於身體和胃口，真正的滿漢全席是整整兩天，分著四餐慢慢吃。對大部分的孩子來說，學習更是應該如此，但孩子又能選擇什麼呢！我們當大人、當前輩的，是否要執行一些改變，無論是什麼原因，如何讓孩子不要再枯坐在課堂上，能有個 1% 的空間，我們都應該要努力看看，教育雖是複雜的，但若我們願意陪伴孩子同行，領頭去作點更新，孩子必會看見，而果效也就在這之中慢慢滋長。

以下有一些觀點分享給各位父母親、或是初入教學領域的教學者：

1. 要陪伴孩子「一起」學習數學一段時間。

2. 對於一個預備好心思要學習數學的孩子而言，唯一的原則是：慢慢建構。尊重孩子現在有的能力，先看「他目前在哪裡」，再說「他應該在哪裡」。

3. 事實上也沒有「該在哪裡」這回事，數學就是一種工具，一種建立規律的語言，這和生活經驗積累有極大的關係，所以一下子數學這科沒有在分數上跳出來，並不代表未來不行，一邊積累生活的總量，一邊等待時機，數學都來得及。

以上這句話的意思是說：一個資質中等，但從來沒碰過數學課本的 15 歲孩子，他要在一年之內，想把小一到國三的數學課本消化好，並且展現出這個年紀的常態表現，這一點是確實可以做得到。我已經見識過幾位了。

4. 若零都可以，慢又為何不行。數學不是天才兒童才能學，我們要鼓勵孩子，慢慢來，面對自己的優勢和短缺之處，尋求一些方法，慢慢的去改變處境。

5. 再談到數學老師，無論我們自己過去在數學市場上多風光，智商多高、數學能力多強，我們數學老師天天要奮鬥的是，是否有試著把每一個觀念，為孩子好好的：「定清楚」、「講清楚」、「推理清楚」。這是最優先的事，是數學教育的核心。這件事的優先順位，甚至有些時候高於把數學教得好玩，這將會有助於孩子擴張他的境界，累積未來進入抽象領域時的基礎經驗。

6. 數學這個科目有個特色，有時即使觀念並不難，但仍舊難以親近，原因在符號和術語，的確，數學就連名詞都不太容易入門，這一點和數學歷史發展有關，數學老師也要能擔任好的翻譯橋樑，才能使孩子在學習上能夠更加適應一些。

7. 考試是個診斷，但也就當它是一個診斷就好，不要看低它，但也不必要高估它。特別是在 50 分鐘內，卻有超過 25 題的試卷，這種等級的考試，結果是隨時可翻轉的，父母親們，如果您的孩子在這種「快考試」、「機械型反射」總能考得很好，您最好確認一下他是花了多少時間反覆練習或背誦，才成為這麼「快速」的人，並也確認一下他的「慢考試」、或「觀念型」又考得如何？

8. 學習數學之路必將走向抽象的領域，確實不可能永遠只問「好不好玩」、「好不好學」，但若是教學對象是小學生、國中生，或是初學者，那他有權力需要「先求有趣」，「先求信心」，至少要求「先具體再抽象」，這總是合理的，總不能叫嬰兒大口啃雞腿，或要他自己拿刀切牛排吧，再好吃也吃不下去。在初級數學中，老師有時是在做「數學保母」的工作，孩子紅蘿蔔不吃，我切碎煎成海

鮮餅，引導他不挑食、不畏懼，這是一個階段性的角色專業。

9. 身為教育者不論科別，都要有足夠強的心理素質，成功不必在己，我們造就的是生命；老師心裡永遠要有孩子，特別是較弱勢的孩子，我們不斷地鑽研新的方法作教育，很希望孩子能有更多理解和思辨的機會。若願意嘗試去做到這一點，我們除了是位努力的教師，再看深入一些，一位想使一切能「從無到有」的老師、父母親或自學者，從定義上，我們都是勇敢的創業者！

最後，引用孩子們很喜歡的哆啦 A 夢卡通裡，有一集胖虎媽媽對胖虎說的話，與大家共勉：

『努力去做還做不好，這種事在人生中，多得數不清。』

試想一下清澈的水！多麼透明、沁涼、簡單，這個味道，就是數學的原味，就讓孩子大杯暢飲吧，我們在教學路上，無論別人看我們是成功還失敗，都先反省自己，我們有沒有傳遞一些數學精神出去。

讓我們都繼續努力吧！

本書內的訊息，如果對您有所共鳴，請不必客氣，操作實驗在學生和兒女身上，歡迎與我分享，在此留下我的 email，還請各位先進不吝指導斧正。

祝福各位平安！

羅一亮老師
yiliangmath@gmail.com

本書動機

【原因一】

我支持數學課本要有多層多本，至少先有一本編得較薄、很基本、較好入門，另一本比較厚，方便自主學習，但並不一定要供考試，或大部分不考試。

孩子收到第一本書，寫法完全要是「開門見山法」：也就是政府、教育部或是學術前人們，到底希望我們這學期要學什麼？你就給我那10課、或那12章節的主軸、目標，給學生最基本的講述、解釋和一些例子，盡可能白話一些，不用過多的題目和延伸。用20%的力氣，帶孩子先站高一些，先去理解大塊的架構，可以條列式、甚至編成漫畫都可以。

而第二本，也就是比較厚的那本，就要加強在細節，把「結構」引導得更清楚些，給孩子一個「完整的論述」，甚至是切碎再切碎，能多幾個方向性的切入，目標是「把話講清楚」，最好清楚到學生不需要你教他，我們把馬路修得更像馬路，而不是非得補習才能挽救數學骨質疏鬆，希望學生不需要半猜半混，過毫不紮實的數學課生活。

這些，也就是筆者想在本書中嘗試去做的一些初步，想先挑幾個重要的概念，簡易但具體的和孩子對談一些基礎的原理。

說原因、講道理、作規劃，本來就是數學的本事，我們當老師，也要期許自己能優先做到這一點，我試著設立一個目標給自己：

「在台上，我要讓孩子明白我在說什麼，做什麼。」

老師的權柄，不是用來逼孩子：「假裝聽懂台上教的數學」，我們的努力，都是因為想要有一堂好的數學課。

多「教數學」，而少「交數學」，這條路並不容易，我很平凡，但願為此再作一些奮鬥。

本書動機

【原因二】

我們很幸運能活在豐足的陽光下，但有人遭遇的處境，卻是日夜都不能出的死蔭幽谷。

本書扣除必要成書支出，全數均作為社會扶助之用。

人在這個世界上，都有口腹以外的人生功課，請你慢慢的去尋找：關於你的快樂、和你的需要；關於別人的快樂、和別人的需要。

~ 與我的孩兒分享 ~

德蕾莎修女：

「愛，是在別人的需要上，看見自己的責任。」

目錄

使用指南..I

序言...II

本書動機...V

1. 數和進位制（一）...1

2. 數和進位制（二）...4

3. 奇偶數...9

4. 數和進位制(三)..12

5. 為什麼要加零？...15

6. 整數乘法直式...18

7. 乘法的畫圖法...20

8. 除法使用時機(一)...28

9. 除法使用時機（二）...30

10. 整數除法直式...32

11. 整除和除盡...38

12. 概數（一）...39

13. 概數（二）...43

14. 四則運算次序...46

15. 什麼叫等值分數、擴分、約分、通分？.............................47

16. 為什麼要找等值分數？...50

17. 分數的加減法...51

18. 分數的乘法...54

19. 分數乘法為什麼可以約分（一）？.....................................59

20. 分數乘法為什麼可以約分（二）？.....................................62

21. 分數除法的情境...64

22. 分數的除法...67

23. 分數除法為什麼可以約分...70

24. 整數除法與分數...71

25. 移動小數點...74

26. 小數的意義與特色...75

27. 小數的乘法...76

28. 小數乘法的直式...80

29. 小數除法的情境...81

30. 小數除法的直式...83

31. 小數除法的直式（有餘數版）...86

32. 面積與周長 89

33. 短除法（一） 92

34. 短除法（二） 95

35. 最大公因數與公因數 97

36. 公因數與差 99

37. 反覆相減法 101

38. 為什麼相鄰兩數必定互質？ 104

39. 兩數互為因倍數時，怎麼找最大公因數和最小公倍數？ 105

40. 怎麼找到所有公倍數？ 106

41. 為什麼互質兩數的最小公倍數是兩數相乘？ 107

42. 為什麼最大公因數和最小公倍數的積，會等於兩數相乘？ 109

43. 怎麼用短除法找到最小公倍數？ 111

44. 三個數的短除法 113

45. 輾轉相除法的原理 118

46. 用正方形想輾轉相除法 122

47. 質數 126

48. 找因數（一） 129

49. 找因數（二） 132

50. 找質數 135

51. 為什麼「內項乘積＝外項乘積」？ 140

52. 正方形家族的面積 143

53. 長度、面積單位 146

54. 表面積與體積 148

55. 三個律 150

56. 負數加法 153

57. 負數減法（一） 158

58. 負數減法（二） 161

59. 時差（一） 171

60. 時差（二） 175

61. 甲子 178

62. 閏年 183

63. 中點公式 187

64. 共幾人、差幾天？ 191

65. 倍數判別法（一） 196

66. 倍數判別法（二） 201

67. 倍數判別法（三） 208

68. 去一減 2 法（7 的倍數）..........211

69. 為什麼兩邊和大於第三邊？..........215

70. 種樹問題..........217

71. 去括號（一）..........220

72. 去括號（二）..........225

73. 一度水..........229

74. 速率（一）..........231

75. 速率（二）..........234

76. 比率..........237

77. 排列數..........240

78. 分數除法可以「分母除以分母，分子除以分子」嗎？..........244

79. 循環小數..........246

80. 除法、分數、循環小數（一）..........249

81. 除法、分數、循環小數（二）..........253

82. 明年的生日是星期幾？..........256

83. 十三號黑色星期五..........257

84. 除和除以..........261

85. 身分證號碼的秘密..........264

86. 梯形面積公式的新想法..........269

87. 關於 3.14 的乘法..........272

88. 「打九折」和「加一成服務費」的抵銷..........275

89. 加服務費怎麼算？..........277

90. 折扣與服務費的順序..........279

91. 買一送一是打幾折？..........280

92. 幾則電視上常見的數學問題..........283

93. 怎麼共享火車座位？..........284

94. 越加越大嗎？..........289

95. 加減法可以從高位去作嗎？..........290

96. 乘除法可以不要照規定算嗎？..........294

97. 請問 16-7 = ？..........298

98. 假分數的存在..........300

99. 乘法交換律 8×3=3×8..........301

100. 除以零..........304

寫在後面..........VII

1. 數和進位制（一）

如果所有人類有無止境的記憶力，可能根本不需要什麼特別的進位制度，因為每一個數量都可以用一個符號替代，例如 37 是ㄅ，98 是@，1576 是Ω等等......

但很明顯人類不可能所有東西都用死記的，這樣太耗熱量不利生存，但社會到了一個程度的複雜，數字的「使用」將會走向「記錄」不夠用的情況，而一個簡易好明白的系統，就是由這個需求而開展了。

文明持續的演變，我們現今使用的這套方法，也就是 1、2、3、4、5、6、7、8、9、10、11、12、......、999、1000，這又是怎麼來的呢？

◖	◖ ◖	◖ ◖ ◖
1	2	3

某個古代人，是部落裡最聰明的人，他被整個家族賦予保管財產的重任，別人出去打獵但他不用去，他負責當帳房總管，起初他也用手指頭數羊，但計到了 9，就快不夠了。這時總管聘請了一個助手，站在他的左邊，並且告訴助手：等一下如果我的手不夠用的時候，請你幫我記一下。

這時立刻又來了一隻羊，共有十隻，這位助手就伸出了他十根手指頭，想要代替總管手上這十根手指，但聰明的總管立刻感受到，這樣會極耗人力，一會兒我不就得又再聘請一個人了嗎？

於是他跟第一個助理協調，你幫我比 1 就好，代表我這裡曾經滿了一次，於是總管的手變成了 0，而助手接手了，手上比著是 1。

助手和總管的手，看起來像是 1，0。

這時又來了一隻羊，現在總管自己的手是空的，所以他又可以繼續記錄了，變成 1，1。暫時簡記為 11。

再來是 12，13，...一直到數到了 19，他先瞄了瞄左手邊的助理。

一下又來一隻羊，總管又把滿手的手指丟出來，丟給了助手，助手接了下來，本來是 1 改比成 2，而總管的手也就空下來了，所以現在看到的是 2，0。簡記為 20。

接著 21，22，23，...99。助手跟總管說，我這裡也快滿了喔。

總管發現，公司業務量增加得很快，又得再徵人了，這是第三個位置，也就是第二號小幫手。

二號	一號	總管
	9	9

於是 99 之後，再來又是丟手指了，總管的十根手指，先丟給左邊的一號助理，此時一號助理也滿十了，所以又再丟出來給二號助理，此時我們看到的是 100。

接著 101、102、…、109、110、111、…999。1000、1001、…

我們也漸漸理解了這套結構的規則。

1. 系統化，規則明確，每滿十個就進位。
2. 符號精簡，用 0～9 十個符號就可以組成所有自然數，即正整數。符號記憶量不大。進位也不算是非常頻繁，腦力消耗在負荷範圍內。

   我們不要小看腦力消耗這件事，以早期人類的狀態來說，熱量的保留，意謂的是：生存。

【結論】
十進位，猜測是因為人有十根手指頭所演變出來的，先是一個一個數，再進入到加法和減法，再來是連加、連減，也就是乘法和除法，一路開展下去。

2. 數和進位制（二）

某次和孩子討論，如果人只有九根手指頭，那會如何？

孩子們丟答案出來：

1. 不好做事。
2. 沒有對稱。
3. 不方便比中指。
4. 可能沒有十進位。

我笑了，這群臭孩子，害我花了一堂課討論：「九根手指頭好不好比中指」？

外加一人請吃一塊蛋糕，但規定「只能用四根手指頭拿」。

【多種進位方法】

數數是孩子在學齡前就會了，但是知道進位系統原理的就不多了，我們已經是十進位使用者，也來玩玩看九進位，再次經歷文化衝擊吧。

桌上有這麼多蛋糕：

我們一個一個來數。

1，2，3，4，5，6，7，8，9，10。

現在強迫自己，用一個膠帶，把一支手指頭黏起來，只剩九根。

用九進位國度的方法再來數一次：

1，2，3，4，5，6，7，8，哇，慘了，還剩兩個蛋糕，但是不會數。

其實不是不會數，是不夠數，但想想我們地球人的十進位，不也常常不夠數，我們當時怎麼處理的？
是請助理！

好，那這次也比照辦理。
1，2，3，4，5，6，7，8，準備滿了，助理接手，10，11。

5

來個對照表：

十進位	1	2	3	4	5	6	7	8	9	10
九進位	1	2	3	4	5	6	7	8	10	11

是的，十進位是用 0～9 表達全部的整數，九進位是用 0～8 表達全部的整數。每滿 9 就濃縮進位到隔壁助理的一根手指上。（九個，合成一）

我們也玩看看八進位吧。這是八合成一。

十進位的 10，是九進位的 11，那是八進位的？

這張表好玩了。

十進位	1	2	3	4	5	6	7	8	9	10
九進位	1	2	3	4	5	6	7	8	10	11
八進位	1	2	3	4	5	6	7	10	11	12

十進位的 10，是九進位的 11，是八進位的 12。

暫記為 10（十進位）＝ 11（九進位）＝ 12（八進位），

或是 10（十）＝ 11（九）＝ 12（八）。

已有孩子發現秘密了，接著孩子越想越快。

10（十）
＝ 11（九）
＝ 12（八）
＝ 13（七）
＝ 14（六）
＝ 15（五）

這時所有孩子開始超有自信了。

但是老師說：哈哈哈，有人中計了喔。

孩子們，上面的式子有點小問題，先不要往下看答案，有人會抓錯誤嗎？

抓到錯的人，可以再吃一片蛋糕喔。

嗯，問題在五進位。

五進位不會有 5，若湊滿 5 就強迫要進位囉！
但他怎麼說答案是 = 15（五）？

所以 10（十）= 15（五）→要進位→20（五）

好玩。

再來，10（十）= 20（五）
= ？（四）
= ？（三）
= ？（二）

一個一個想吧。

答：

等價表	十進位	九	八	七	六	五	四	三	二
	10	11	12	13	14	20	22	101	1010

看著越玩越低的進位制度，孩子們也說出他們的觀察：
1. 符號會越用越少，到了二進位只剩 0 和 1。
2. 但進位情況越來越敏感，一下就跳位。

玩出興趣，孩子想繼續列二進位的表。

以下，接著讓孩子一人講一個，輪著講，中斷就要重來，在課堂上玩這個，真的會很刺激。

【二進位的數數】

對照表：

十進位(上排)、二進位(下排)

11	12	13	14	15	16	17	18	19	20
1011	1100	1101	1110	1111	10000	10001	10010	10011	10100

21	22	23	24	25	26	27	28	29	30
10101	10110	10111	11000	11001	11010	11011	11100	11101	11110

31	32
11111	100000

3. 奇偶數

回到「如果我共只有九根手指頭，那九根手指頭好不好比中指」的事？

如果真的有需要比中指，這支手得要有中指，但偶數根手指沒有正中間，所以這支手的指頭數一定要是奇數，例如：1、3、5、7、9...。

如果仍然設定人還是左右兩支手，而共有 9 根手指頭，但就沒有辦法兩支手都比中指了。因為如果兩支手都想比中指，得兩支手的指頭數都是奇數，但是 9 沒有辦法拆成兩個奇數。

孩子自己整理了這個表：
偶+偶＝偶
偶+奇＝奇
奇+偶＝奇
奇+奇＝偶

也就是：
奇＝1 奇+1 偶。
偶＝2 偶，或 2 奇。

換句話說，如果共兩支手，奇數個手指頭一定得是，左或右各一奇一偶，所以頂多是一只手可以比中指。

若是偶數個手指頭則有兩種可能，左右皆奇數、或皆偶數。如果都是奇數，那左右兩手都可以比中指；如果都是偶數，那左右兩手都沒辦法比。

如果有三支手呢？四支手呢？

討論後，孩子抓了結論：

偶數＝3 偶，或 1 偶數+2 奇數
奇數＝3 奇，或 1 奇數+2 偶數

對孩子來說，此時已經跳脫出中指的事了，全部很認真在談奇偶數了。

於是我把問題拉出加法，想再延伸，進行到減法、乘法、除法。

不過孩子立刻提出把除法刪掉了，孩子說因為不一定整除，答案若是小數，那怎麼談奇數偶數？

例如 $3 \div 2 = 1.5$，不是整數，也無法分辨奇偶數。

有道理，那就只談減法和乘法。

【減法】

孩子整理出：

偶−偶 = 偶
偶−奇 = 奇
奇−偶 = 奇
奇−奇 = 偶

減法可以從相差或是撤除切入，逐題帶著孩子以教具或情境充分討論。

【乘法】

孩子整理出：

偶×偶 = 偶
偶×奇 = 偶
奇×偶 = 偶
奇×奇 = 奇

乘法是什麼？

偶×偶→偶數顆糖果拿偶數次。
偶×奇→偶數顆糖果拿奇數次。

偶數顆糖果不管拿幾次，都是偶數。

奇×偶→奇數顆糖果拿偶數次。
落單的那顆會有伴，又再次湊成偶數。

奇×奇→奇數顆糖果拿奇數次。
永遠會有一個落單的。都帶孩子拿具體物排看看。

例如此圖中，落單的糖為最右下。

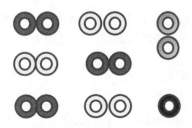

4. 數和進位制(三)

學生又追問二進位的事：

1. 我只能一個一個數嗎？突然指定一個比較大的數，轉二進位可嗎？
2. 二進位又要怎麼轉回十進位？
3. 進位那麼敏感，玩二進位的加法和減法一定會很刺激。

和學語言一樣，我們是中文為母語，剛開始學外文時總覺得適應不好，經常得站在中文的思維上想外文，但等到經驗增加了，兩者就都可以獨立處理了。

我們一步一步來吧，暫用十進位來協助思考其他進位制。

【二進位的數位】

先討論一下二進位每一位的量。例如二進位的 10 是十進位的什麼？

二進位	1	10	100	1000	10000
十進位	1	?	?	?	?

二進位就是：滿 2 就進位，滿 2 個 2 又進下一位，滿 2 個「2 個 2」又再進位，於是二進位每一位的量會是十進位的 1、2、2×2、2×2×2...

孩子發現，這不就是連乘法嗎？

二進位	1	10	100	1000	10000
算式	1	2	2×2	2×2×2	2×2×2×2
十進位	1	2	4	8	16

找到每一位的關係了，都是 2 的連乘：1、2、4、8、16、32、64、128、256、512...。

不過這時要另取每一位的名字了，二進位不能再叫「個十百千萬」了，這是十進位的數位用詞。

找到每一位的關係，這對我們建立大數小數都有幫助。也不限於二進位。

【二進位和十進位的轉換】

1. 請問二進位的 111 是十進位的多少？
   答：一位一位看，分別把每一位先換成十進位：1+2+4 = 7。

2. 請問十進位的 111 是二進位的多少？
   答：這一定是二進位的大數了，我們再唸 下 2 的次方數：1、2、4、8、16、32、64、128。

二進位	10000000	1000000	100000	10000	1000	100	10	1
十進位	128	64	32	16	8	4	2	1

所以 111，介於 64 到 128 之間，64 是第七位，不夠。再用去 32，逐步消耗，安排在適當的位置上。

完整算式：

111−64 = 47，（64→1000000）

47−32 = 15，（32→100000）

15 不能減 16，

15−8 = 7，（8→1000）

7−4 = 3，（4→100）

3−2 = 1（2→10）

1−1 = 0（1→1）

一共是：1000000+100000+1000+100+10+1，十進位的 111 是二進位的 1101111。大家練習看看。

【二進位加減法】

原則：滿 2 就跳。先來個二進位界的小數字：1+1 = ？

這可以心算，也可以寫直式：

$$
\begin{array}{r}
1 \\
+\ 1 \\
\hline
1\quad 0
\end{array}
$$

逢 2 就進位 1。

再來一題，11+1 = ？

每一位代表的數字不一樣，所以直式要對齊加。

$$
\begin{array}{r}
1\quad 1 \\
+\quad\ \ 1 \\
\hline
1\quad 0\quad 0
\end{array}
$$

100–1 = 呢？

$$
\begin{array}{r}
1\quad 0\quad 0 \\
-\quad\quad\ 1 \\
\hline
1\quad 1
\end{array}
$$

$$
\begin{array}{r}
1\ \ 10 \\
\cancel{1}\ \ 0\quad 0 \\
-\quad\quad\ 1 \\
\hline
1\quad 1
\end{array}
$$

若孩子有興趣，可帶孩子多玩幾題，熟悉度和樂趣會漸漸出來。

5. 為什麼要加零？

回到十進位：

$7 \times 10 = 70$
$7 \times 100 = 700$
$7 \times 1000 = 7000$
$7 \times 10000 = 70000$

孩子都知道這個結果，但這是什麼結構，可否能具體解釋？

7×10 是 7 拿 10 次。而且 $7 \times 10 = 10 \times 7$。圖中也可看出。

7×10	10×7

而為什麼 $7 \times 10 = 70$？

因為 $7 \times 10 = 10 \times 7 = 10 + 10 + 10 + 10...$而這怎麼加都是 0 結尾。

也同理，$7 \times 100 = 100 \times 7 = 100 + 100 + 100 + 100...$怎麼加都是 00 結尾。
直式也看得很清楚。

```
      1  0
      1  0
      1  0
      1  0
      1  0
      1  0
   +  1  0
   ───────
      7  0
```

那如果是 60×3 呢？

$$
\begin{array}{r}
6\,0 \\
6\,0 \\
+\ 6\,0 \\
\hline
1\ 8\,0
\end{array}
$$

一樣可看見，0 結尾，前段是 6+6+6 即 6×3。
所以 60×3，視為 6×3，再加一個零 = 180

60×30 呢？
是 60 拿 30 次
讓 60 先拿 10 次，再複製 3 次。
60×10 = 600
600×3 = 1800

我們在算式中也可發現，6×3 都會是固定的，剩下零累積在後面！

或可以這樣想：

60×30
= 6×10×3×10
= 6×3×10×10
→6×3，再累積兩個零。
= 1800

這樣算式解釋的方法就很多了。若要用具體物思考也可以，有些孩子喜歡看圖。

60×30 是 60 拿 30 次，用圖可以這樣想：

60	60	60	60	60	60	60	60	60	60
60	60	60	60	60	60	60	60	60	60
60	60	60	60	60	60	60	60	60	60

也可說是

6拿 10次	6拿 10次	6拿 10次	6拿 10次	6拿 10次	6拿 10次	6拿 10次	6拿 10次	6拿 10次	6拿 10次
6拿 10次	6拿 10次	6拿 10次	6拿 10次	6拿 10次	6拿 10次	6拿 10次	6拿 10次	6拿 10次	6拿 10次
6拿 10次	6拿 10次	6拿 10次	6拿 10次	6拿 10次	6拿 10次	6拿 10次	6拿 10次	6拿 10次	6拿 10次

再看第一直排，且從這三格中都各抽一次 6 出來，

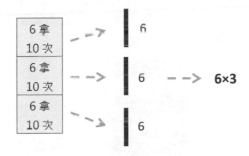

$6 \times 3 = 18$，整張圖這樣的 18 可以連續取 10 個 10 次，才取完全部。

也就是 18 有 100 次。

所以為什麼 60×30 是 6×3 先算，再累積兩個零 = 1800？

這裡可明白看出 6×3 先乘的具體證據。

【結論】

A. $27 \times 100 = 2700 \rightarrow$ 零在乘法裡可以直接累積。

B. $27 \times 200 = 5400 \rightarrow 27$ 先乘以 2，再加兩個零。

C. $27 \times 200 = 2700 \times 2 = 270 \times 20 \rightarrow$ 零在乘法裡可以搬家。

6. 整數乘法直式

數字小我們會用心算，或用九九乘法表，但數字大的時候就需要使用直式了。

例如 12× 13= ?
我們先用心算作一下，12 拿 13 次。

這的確在可以心算的範圍內，我們把 12 拿 13 次拆成 12 拿 10 次及 3 次，這就方便了，拆成十次，是為了好算，這我們曾經提過 12× 10 = 120，加上 12× 3=36，一共是 156。

如果拆成 10 那麼好，那全部都用 10 來分吧，我把題目 12 拿 13 次想成，10 和 2，都拿 10 次和 3 次，就是下面這張圖。

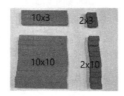

也就是說 12× 13 可分成：10 拿十次，10 拿三次，2 拿十次，2 拿三次。

10× 10=100
10× 3=30
2× 10=20
2× 3=6

如果直式，差不多會是：

```
        1   2
    x   1   3
    ─────────
            6
        3   0
        2   0
    1   0   0
    ─────────
    1   5   6
```

濃縮一下。

若固定的 0 都不要寫，大約就會是這樣。

```
        1   2
    x   1   3
    ─────────
            6
        3
        2
    1
    ─────────
    1   5   6
```

我們如果理解它的原理，就會知道，無論是完整版或進化後的濃縮版，這些直式都只是「記錄」、「記帳」的過程，並不是「規定」或「命令」。

如何把很多東西拿很多次，我們的前人發現，簡化方式就是分次慢慢拿，並且拿一些記一些，於是就流傳下來這樣的算式。

這樣的學習不應該會痛苦，這是智慧的累積，很值得帶孩子欣賞，不要讓孩子僅僅感受成：計算、計算。

【結論】
乘法直式是分層累積的意思。數學要有美感，首先是有「沒趕」的學習。

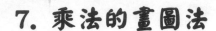

7. 乘法的畫圖法

二位數的乘法，對三年級孩子來說，抽象是跨越了很大一步。回顧過去歷史，這也是一個發展的觀察指標，各種文明或多或少都有發現一些方法，去解決「累積」的問題，除了上個單元介紹的一般直式外，這裡再補充兩種，希望增加孩子學習的樂趣。

1. 方格法
2. 畫魚法

這兩題都用同一個例子作討論：43×21 = 903
使用乘法的定義：43 顆糖果，拿 21 次。

【方格法】

乘法直式剛開始也不用急著一步到位，課本教的方法確實很重要，但比較容易有擺錯位、進位錯誤等問題。我很推薦先用方格法，這個方法適合部分需要具體的孩子，以及此法的計算相較簡單，一格一格填，加總時也比較沒有進位錯誤的情況，而且很容易進入多位數，三年級可以玩看看。

43×21 = ？

（1）先準備一個方格底：

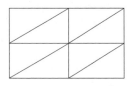

（2）數據置入，43×21

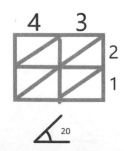

20

（3）一直一橫分別填入乘法。

例如 3×2＝6，記作 06，填入斜線的格子。

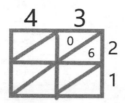

（4）逐步填入：

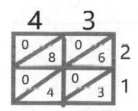

（5）斜的加總，一斜排一斜排作加法，並作數字整合：

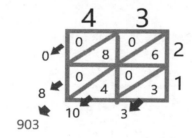

這個方法的缺點是：需要繪製表格。

優點是：
1. 切碎計算，較不易出錯。
2. 非常容易進入多位數乘法。
3. 趣味度高、抽象門檻低。

例如 987×8957 = 8840559

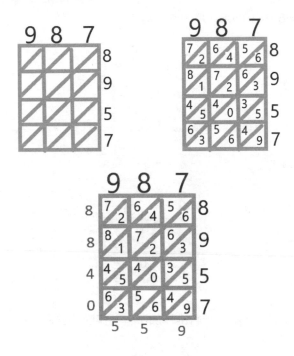

剩下原因的尋找，我們回到 43×21 = 903 討論。

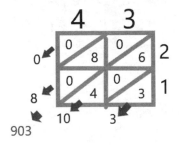

903 來自（0）（8）（10）（3），再作進位 = 903。

可否看出其實這就是（千位）（百位）（十位）（個位）呢？

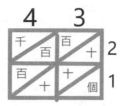

說明一下，例如表中的 3×2＝6，記作 06，事實上這是 3×20＝60

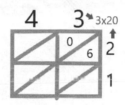

所以斜線格子裡的 6，確實就是十位，

再看一個例子，4×2＝8，記作 08，其實是 40×20＝800，
那個 8 是百位。

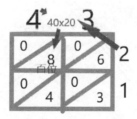

帶孩子一格一格檢查，均發現規律，每一位都是斜的對齊。

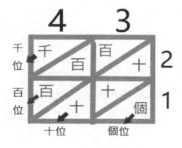

數學的規律之美，在這個可愛方法裡，孩子真心感受到前人的智慧。

23

【畫魚法】

這個名字是學生取的。

$43 \times 21 = 903$？

先畫 43：

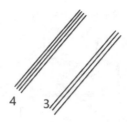

再畫 21：

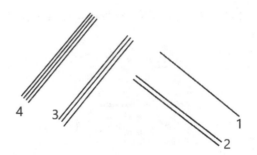

交叉合併：

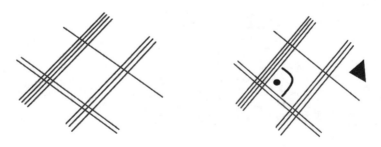

孩子說很像魚，左邊是魚頭，右邊是魚尾巴。哈哈，像嗎？

把左邊魚頭交叉點數一數，有 8 個交叉點。
魚中間有 6+4 = 10 個交叉點。
右邊魚尾巴有 3 個交叉點。

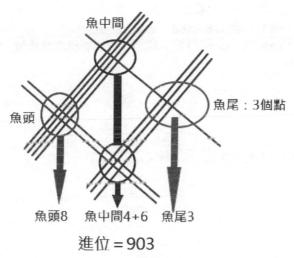

合併著說：

魚頭，魚中間，魚尾
→8，10，3
→9，0，3
答案：43×21 = 903

這個方法可愛嗎？

這個方法的原因探討，如果是在方格法之後討論，孩子應該會很輕鬆。

想一想，有許多孩子會發現，這個畫魚法，其實這個方法和方格法是一樣的。

例如魚頭是 8 個交點，哪來的？

是 4×2 = 8 來的。而這個 4 是 40，2 是 20，所以是 40×20 = 800，所以魚頭是百位沒錯。再來魚中是十位，魚尾是個位，這慢慢帶孩子，都可以看出來。

但這個方法上課好用，但實用性就少一點了。
1. 數字大很難畫。例如 99×88，會畫成一團。
2. 多位數很難對齊。例如 1234×4321，很難看出哪裡魚肚，哪裡魚鰓，很難對齊。

附帶一提：

三年級新的東西主要就是：
1. 乘法直式。
2. 除法。
3. 分數
4. 小數。

這都是要拆很多次才能完成的主題，三年級一下子進入了許多新東西，廣度增加，深度就不要太急，抽象的要求還有時間可以經營，成熟了什麼都可以教，一般情況不要太快，而且三年級的除法課，也不要考四年級的除法題。

如果什麼都要提前考，硬要說有關連，那小一就可以考微積分，畢竟數學都有相關。不是不能多教，而是不要因為要多教而少教，也就是忽略了基礎，我建議先把該教的該玩的先做好，再談越級打怪的事。

老師要知道每一個階段的基本分類在哪裡，同樣是叫四則運算，每個年級在乎的事情不一樣，這一點父母也要有所理解，你的孩子你可以教，但也要大略瞭解，老師目前強調重點的部分是哪一塊，不建議「在孩子的底子還沒好之前，就教他一堆速算法，而且也完全不作解釋」，這一點老師要主動和家長密切溝通。

底子夠了，什麼都能進，基礎不穩，寧可慢下來。

每學期親師時間也要有一部分，獨立安排專作數學課的討論。

1. 這個學期數學的各個子領域在教什麼？
2. 哪些部分會需要家長幫忙累積生活經驗？
3. 哪些部分老師會刻意的慢？請家長不要提早教或刻意先背公式的又是什麼？
4. 老師要作好審題的工作，大部分都要在主軸上，不要過度把太超線的主題丟給孩子，導致孩子得要去安親班才能解決。或是根本玩假的，其實最後是父母親代作。

交待非得去安親班才能作出來的作業，不如帶孩子去玩一個小時的沙。

玩沙至少還得到一個小時的暢快！

8. 除法使用時機(一)

除法有兩個使用時機：
1. 分配問平均。
2. 清除問次數。

舉個例子，8÷2＝4。

但這個符號是定作什麼意思？什麼文法呢？

【分配問平均】
　　我有 8 顆蘋果，送給 2 個朋友，請問平均一個朋友拿到幾顆？

　　8 顆蘋果÷2 個人＝每人平均拿到 4 顆。

【清除問次數】
　　我有 8 顆蘋果，媽媽說一天最多只能吃 2 顆，請問幾天會吃光？

　　8 顆蘋果÷2 顆蘋果＝4 天會清光。

　　清除之法，叫作除法，除法之名，由此得到。

但是有時候東西會一下分不完，就會產生剩餘，也就是餘數。

例如 9÷2＝4…1

回到除法的兩個意義：

1. 我有 9 顆蘋果，分給 2 個人，每人平均可拿到 4 顆，桌上只會剩下一顆。
2. 我有 9 顆蘋果，媽媽說一天最多只能吃 2 顆，4 天差不多就吃光，桌上只剩一顆。

但這需要在情境上再作解讀，例如，這題是蘋果，這個水果不太適合分批吃，一切開就很容易氧化變黑，但如果我把題目，改成較不易變質的東西，例如橘子呢？

孩子就可能會覺得，算式也還可以寫成不同的形式，9÷2＝4...1 之外，還可以寫成 9÷2＝4 個半

大約是：

1. 我有 9 顆橘子，分給 2 個人，每人平均可拿到 4.5 顆，分光了，桌上沒有剩下。
2. 我有 9 顆橘了，媽媽說一天最多只能吃 2 顆，只需 4.5 天就吃光，桌上沒有剩下。

若再換個例子思考，9 個人，分成兩組，每組幾人？這時就強迫必須要有餘數了。

【結論】
除法的變化較多，首先要先分辨：是分配問平均、還是清除問次數，再來是，依照情境要作決定，要細分到什麼程度，若有餘數，要不要再切割下去。

9. 除法使用時機（二）

承接上個單元，我們討論到除法有兩個使用時機：
1. 分配問平均。
2. 清除問次數。

但這是除法的規定嗎？怎麼就知道有這兩個使用時機？

我們往源頭談，先要從除法和乘法的關係談起。

一包糖有 4 顆，連拿 2 包，共有幾顆？答：8 顆。

這是乘法，$4 \times 2 = 8$，沒問題。

那如果是未知和已知的訊息顛倒，就變成是乘法填充題了。例如：

1. $\square \times 2 = 8$，問 $\square = ?$

   用乘法填充題的方式問，那就是：

   一包糖幾顆不知道，但是若連拿兩包，共會有 8 顆。問一包幾顆？

   或，我拿了兩包糖果共 8 顆，問一包幾顆？

2. $4 \times \triangle = 8$，問 $\triangle = ?$

   用乘法填充題的方式問，那就是：

   一包糖 4 顆，但是若連拿不知道幾包，共會有 8 顆。問有幾包？

   或，今天共吃了糖果 8 顆，若拆開一包糖有 4 顆，問要拆開幾包？

問 $\square = ?$，問 $\triangle = ?$ 這兩種情境意義截然不同，但是都在乘法裡。

這類乘法填充題，都帶有逆向的味道，也就是說，當時知道較末端的結果但卻不知道起初的核心，例如：不知道一包幾顆、或不知道拿了幾包，但居然已經知道共吃了 8 顆。

這種題目的情況是逆向，因為不是那麼直接、也有些抽象，為了方便想，讓使用者能直接套入情境，於是就設定了一個符號給它，也就是「除法」。

這一段數學的發展，導致除法有兩個意義，以下這些都是相同意義，但是不同的表達法。

【情況一】
（一） 一包糖幾顆不知道，但是若連拿兩包後，我共有 8 顆。問本來一包幾顆？
（二） 我拿了兩包糖果共 8 顆，問一包幾顆？
（三） □×2 = 8，問□ = ？
（四） 8÷2 = ？
（五） 平分、平均、問一份多少？

【情況二】
（一）一包糖 4 顆，但是若連拿不知道幾包，共得 8 顆。問有幾包？
（二）今天共吃了糖果 8 顆，若拆開一包糖是 4 顆，問要拆開幾包？
（三）4×△ = 8，問△ = ？
（四）8÷4 = ？
（五）問累積次數、問連減到 0 共需要多少次、問清空桌面共需要撤掉幾次？

所以連結過來，我們剛才才說除法有兩種使用時機，1.分配問平均多少、或 2.清除問要多少次。老師父母把原理講解能力放在口袋裡，時機對了就丟問題，多和孩子作討論，有時討論在前，有時重整在後，因材施教。

10. 整數除法直式

已談過除法的使用情況是：
1. 分配問平均。
2. 清除問次數。

計算上，數字小的時候可以心算，但遇到大的數字時，又要怎麼記錄，我們分別就情況一、情況二去作討論，看要怎麼講道理、記帳、建立直式。

較大的數，例如 246÷2 = ？

【分配問平均】

246÷2→
246 顆蘋果，平分給 2 人，請問每人拿到幾顆？

這不算太困難的例子，但這也不是九九乘法表立即可以處理的問題，我們拿出教具來分。

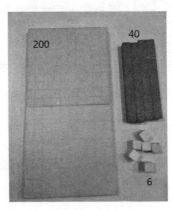

2 個百格板，4 個條，6 個顆粒，分給 2 個人，每個人分到：1 個百格板，2 個條，3 個顆粒，很好找答案。

記錄一下
$200 = 100+100$
$40 = 20+20$
$6 = 3+3$

合併起來寫：
直式

$$
\begin{array}{r}
3 \\
20 \\
100 \\
\hline
2\overline{)246}
\end{array}
$$

或是濃縮一下。

$$
\begin{array}{r}
3 \\
2 \\
1 \\
\hline
2\overline{)246}
\end{array}
$$

或再合併：

$$
\begin{array}{r}
123 \\
\hline
2\overline{)246}
\end{array}
$$

【清除問次數】

$246 \div 2 \rightarrow$
246 顆蘋果，一天吃 2 顆，請問幾天會吃光？

2 個百格板，4 個條，6 個顆粒，一次藏兩顆起來，幾次會收光光？

6 個顆粒：要收 3 次，
4 個條：要收 20 次，
2 個百格板：要收 100 次，
要 123 次才清場。

算式合併一下。
直式

$$
\begin{array}{r}
3 \\
20 \\
100 \\
\hline
2\overline{)246}
\end{array}
$$

或是濃縮一下。

$$
\begin{array}{r}
3 \\
2 \\
1 \\
\hline
2\overline{)246}
\end{array}
$$

或適當合併：

$$
\begin{array}{r}
123 \\
\hline
2\overline{)246}
\end{array}
$$

發現清除的情況和上面平分時是相同的。

那選個更麻煩的數字再試試。

444÷3 = ？

444 顆蘋果，平分給 3 人，請問每人拿到幾顆？

4 個百格板，4 個條，4 個顆粒，分給 3 個人，每個人能分到多少？
我們記錄一下。

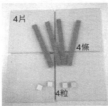

由圖，先讓每人先各分一些。

每人拿到了 1 板，1 條，1 粒，但剩下的還有 1 板，1 條，1 粒，再來就
不好分配了，除非是切開。

切法有很多種，我們先隨意切看看，若是把 1 板切開成 10 條，就會是
11 條 1 粒，

11 條可再分人，每人又可再拿 3 條。還會剩下 2 條 1 粒，2 條再切成
20 顆，共有 21 顆了。

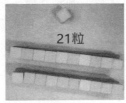

21 顆可再分，每人 7 顆。

合併起來寫。直式：

$$
\begin{array}{r}
1 \\
10 \\
100 \\
3\overline{)\,444} \\
-300 \\
-30 \\
-3 \\
\hline
111
\end{array}
\qquad
\begin{array}{r}
7 \\
30 \\
3\overline{)\,111} \\
-90 \\
-21 \\
\hline
0
\end{array}
$$

每人共可得 148。

切割上有許多種方法，先分哪裡都可以，一般還會介紹一種計算量和記憶量都較小的。

4 個百格板，4 個條，4 個顆粒，分給 3 個人，每個人能分到多少？

這個方法是一步一步分，由大塊的先分。

4 個百先分，每人得 1 個百，剩餘的切成條，再分條，零散的再切成粒。

記錄過程則是：

每人先拿 100，還剩 1 個百，4 個條，4 個粒。
再把 1 個百，剪成 10 條，共剩有 14 條，4 粒。
14 條分給三人，每人又分 4 條，剩有 2 條，和 4 粒。
又剪條為粒，共會有 24 粒，再分三人，每人得 8 粒。

```
              8
            4 0
          1 0 0
       3) 4 4 4
        -  3 盤
           1 4 條
           1 2
               2 4 粒
               2 4
                 0
```

濃縮一下是：

```
           1 4 8
       3) 4 4 4
          3 0 0
          1 4
          1 2
              2 4
              2 4
                0
```

【結論】

直式是記帳過程，除法比加、減、乘法略微複雜一些。此外記帳的方式不是唯一。

乘法直式：分批記錄個別累積，再作加總。

除法直式：分批記錄分配、剩餘，並視情況決定分配到什麼程度才停。

11. 整除和除盡

教學速度快慢掌控很不容易，老師要注意不能該快卻慢，該慢卻快。

而在用詞的定義，則是老師應該主動、立即說清楚的。

【整除】：兩個整數相除，商是整數，餘數＝0。
【除盡】：兩個數相除，算到某一位時，餘數＝0。

10÷2＝5，是整除，也是除盡。
9÷2＝4.5，不是整除，但有除盡。
0.8÷0.2＝4，不是整除，但有除盡。
10÷3＝3.3333 循環，這不是整除，也不是除盡。

簡化：

這就是包含關係，例如：

【結論】
整除一定會除盡，不會有整除但不除盡的情形。
偶數一定是整數，不會有偶數但不是整數的情形。

12. 概數（一）

假設台灣有 23456789 人，這個數字很長，甚至數字一直在變動中，一下並不好完整表達，如果是在比較無關緊要的主題，只是想說個大概，也就是能夠好記、好想、好講就好，這時就很適合使用概數。

例如：台灣大約兩千三百多萬人吧。
例如：學費大約九千元吧。
例如：一瓶水大約六百公升吧。

從「概數」字面上說：是指「大概的數字」，但這還不算完整，若只求說大概，那我可以把 23456789 人說 23456788 人，或者 312 說成 313，這也是大概，但這樣子，每個人的「大概」差異就很多了，難道胡亂說個數字，都可以通過嗎？

所以這個單元，老師們常覺得不太好教，原因是什麼？

因為我們正在做的事情是：〝想和孩子說清楚「大概」要怎麼定。〞

「大概」在此是有界線的。這會是精準的約定。

概數有兩層要求。

1. 為數字找更方便「說」和「記」的代表人，將最小單位量提升，重新描述，例如本來是 1 個 1 個計，改成以「十」、或「百」、或「千」、或「萬」、或「十萬」等等，大塊大塊的計。
   這代表概數並不是我們胡亂任意寫個數字交代一下，然後號稱他是個大概即可。概數必須將數字講成：「幾個十」、或「幾個百」、或「幾個千」，或是「幾個萬」等等這樣「較大塊」的數。這些數會是用大單位重新包裝的。

2. 要求要以 0，或數個 0 結尾，但 312 也不能硬說是 900，這吹牛就吹得太遠了，所以第二層要求是，要選離它最近的，可能比它大，也可能比它小。

舉個例子，312 的概數可以是 310、或 320、或 300、或 400。

如果限制多一些，還要求 312 的概數指定要是「幾個百」：那可以選 3 個百或 4 個百，即 300 或 400。最清楚的說法是 3 百，或 4 百。

如果要求位數低一些，要求 312 的概數要是「幾個十」：那可以選 31 個 10，或 32 個 10，以十位取的概數即是 310、或 320。最清楚的說法是 31 十，或 32 十。

概數像是舀水的意思，不要一匙一匙舀，一次用十個湯匙排成一排，或是一百個湯匙一次舀，會比較快，比較好用。

一次十個湯匙

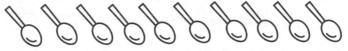

也就是概數從本來胡亂選取，變成剩下少數幾個選擇，接著就是看情境使用了。

比較常見的有幾個：「無條件進入法」、「無條件捨去法」、「四捨五入」。

我們舉幾個例子：

原始數	固定數位	概數		
		無條件捨去法	無條件進入法	四捨五入
312	十位	310	320	310
	百位	300	400	300
51368	十位	51360	51370	51370
	百位	51300	51400	51400
	千位	51000	52000	51000
	萬位	50000	60000	50000

這裡還有幾個詞要解釋：「什麼叫無條件」、「只有四捨五入法，有沒有五捨六入法」、「為什麼要四捨五入法」？

「無條件」是指沒有前提，只要具體有剩菜，就一律丟掉或進位。

四捨五入法是說：如果只有四或更少就丟棄，若達五就進位，這是一種講條件、訂規則的談判過程，所以相較起來，前者的「一律丟棄」或「一律進位」，就會是無條件的，被稱作無條件捨去或進入法。而四捨五入是「有條件捨去或進位法」。

而有條件的捨去或進位法，只有四捨五入法嗎，有沒有五捨六入法？有的，可以。例如學校定 60 分為及格分數，那就是五捨六入了，六就能進到下一關了。那有沒有七捨八入法，有的，若考駕照要 80 分才算通過，那 79 就只好再考一次。

更進一步的談：

什麼時候要用無條件捨去法？
什麼時候要用無條件進入法？
以及為什麼「有條件」的選擇中，最常用四捨五入法呢？

假如是一個水果店的老闆，節慶到了，許多人跟他電話訂購水蜜桃。客人要求 10 個一盒低溫宅配。若現在剩下 89 顆水蜜桃，請問他還可以完整賣幾盒？

很明顯他只能出貨 8 盒

這時使用的是無條件捨去法。就算還有九顆，就是不能出貨完整一盒。

故事再說下去。

於是老闆把九顆零散的水果賣給現場客人，假如一顆售價 201 元，有個客人想買一顆，手上拿著一疊百元鈔票，他正好沒有一元零錢，若老闆不打折，請問他要給老闆幾張百元鈔票？

答案是三張，只能再等老闆找錢。這就是無條件進位法。

最後一點，有條件的進位捨去法這麼多種，為什麼最常聽見四捨五入法呢？

原因是：剛好一半！

我們把數字列出來：0 1 2 3 4 5 6 7 8 9，一人一半，界線剛好在 4 和 5 的中間，所以：四捨，五入。

捨去的一半					進位的一半				
0	1	2	3	4	5	6	7	8	9

例如：73468 取概數到百位，指定用四捨五入法是多少？答 735 百。

以整數為限制，
若是 73400～73449：四捨五入法取概數到百位＝734 百
若是 73450～73499：四捨五入法取概數到百位＝735 百

確實，00～49，50～99 是一人一半，一半是捨去，一半是進位。

再來一個例子：

73468 取概數到千位，指定用四捨五入法是多少？答 73 千。

若是 73000～73499：四捨五入法取概數到千位＝73 千
若是 73500～73999：四捨五入法取概數到千位＝74 千

確實，000～499，500～999 還是一人一半，一半是捨去，一半是進位。

【結論】
1. 概數是一種重新描述，以新的單位將數字重新作描寫。
2. 取概數的方法有好多種，進或捨去、十位或百位，這都是視使用時機決定，背後都有它的意義。

13. 概數（二）

概數有找代表、選班長的意思。

例如 34561 用四捨五入法，取到十位，則取出的概數是 34560，
即 3456 個十。

我們把未滿十位的數字先挑出來，是 1，這要捨還要進位？

因為這題是指定用四捨五入法，剩下的也才只有 1，所以會是捨去。

再幾個例子：
34562 用四捨五入法，取到十位，剩菜是 2，捨去，則取出的概數是
34560。
34569 用四捨五入法，取到十位，剩菜是 9，進位，則取出的概數是
34570。
34560 用四捨五入法，取到十位，剩菜是 0，已是概數，是 34560。
34565 用四捨五入法，取到十位，剩菜是 5，進位，則取出的概數是
34570。

我們看到，只要決定了一種取概數的方法，會看到有一群數字擁有同一
個概數，34563、34562 用四捨五入法取到十位，答案都是 34560。我
們看到：好幾位同學，共有同一個班長。

此時，知道同學，問班長是誰？這是唯一。

而若是知道班長，則同學就會不唯一，找到許多不同的可能性。

我們利用這個單元作個討論：努力把全部同學都找出來。

例如：

某個整數，以無條件捨去法，到十位，若取出的概數是 34560，請問原數是哪些？
答：34560 到 34569，共 10 個整數。

某個整數，以無條件進入法，到十位，若取出的概數是 34560，請問原數是哪些？
答：34551 到 34560，共 10 個整數。

某個整數，以四捨五入法，到十位，若取出的概數是 34560，請問原數是哪些？
答：34555 到 34564，共 10 個整數。

也就是取到十位的情況，皆是 10 位同學有一個班長。

再來例子。

某個整數，以無條件捨去法，到百位，若取出的概數是 34500，請問原數是哪些？
答：34500 到 34599，共 100 個整數。

某個整數，以無條件進入法，到百位，若取出的概數是 34500，請問原數是哪些？
答：34401 到 34500，共 100 個整數。

某個整數，以四捨五入法，到百位，若取出的概數是 34500，請問原數是哪些？
答：34450 到 34549，共 100 個整數。

也就是取到百位時，100 位同學有一個班長。

補充說明一下：

34500 無條件捨去法，到百位，概數是多少？ 答：34500。
34500 無條件進入法，到百位，概數是多少？ 答：34500。

還要不要進位、捨去？ 答：不用。

回到定義裡，概數是在問，為了方便想知道「一個數它可以描述成是幾個百」？這題 34500，它是 345 個百，它已經是答案了，已經達成，沒有需要再問概數。

34500 個水蜜桃，每 100 個一盒，就是可售出 345 盒，這答案對，不需討論概數；但若是 34499 個水蜜桃，每 100 個一盒，只能完整售出 344 盒，這個數字就有找概數的必要了。

14. 四則運算次序

紅燈停、綠燈行，但交通警察如果出現，他就最大了。括號是交通警察，括號優先，再來才是先乘除後加減。

紅燈綠燈，起初倒是有個原理在，據說是人的慣性裡看到紅色血液會緊張，所以警示總會用紅色，批改考卷也用紅色。

但數學計算時，硬是調皮，改成先加減後乘除會怎樣？

其實不會怎樣。

只是必須要有一個固定規則在就好。

$5+2\times 3 = ?$

若是先乘除後加減，答案是 11，若是先加減後乘除，答案是 21。若這沒有規則，會讓「記帳者」和「讀帳者」產生誤差，也將造成混亂。

就像車子左駕還右駕，各國有歷史因素，各有選擇，但在同一個地方若不定好規則，又左駕又右駕，這下就容易會有車禍了。

所以重點是，大家講定就好。

或許在某個時空裡，有個文明是先加減後乘除的生活著。

也或著某一種綠色血液的外星人國度，是綠燈停、紅燈行吧。

15. 什麼叫等值分數、擴分、約分、通分？

分數在小學教學現場是相對困難的區塊，學生的接受度也一直較低。

分析這其中的原因，理由不少。

1. 分數至少是兩個整數合一的意義，所以比整數抽象。
2. 分數有許多意涵。
3. 分數的計算複雜。加減乘除較沒有一致性，這和整數不同。
4. 和其他主題類似，分數也有名詞難以入門的困擾。

所以我們教學者在面對數學這樣特性的時候，我的建議是先要把每一個名詞解釋成最原始的意思，並把定義清楚說出來

首先是等值分數。

從字面上，他講的是相同價值的分數。當孩子在四年級學分數時，已經是第二次或第三次時遇到分數，他可能從一些例子中知道，有些分數字面上看起來或許不同，可是它的價值、價格是相同的。

例如：$\dfrac{1}{2} = \dfrac{10}{20}$

多一些連續的例子

$$\dfrac{1}{2} = \dfrac{2}{4} = \dfrac{4}{8} = \dfrac{8}{16}$$

緊接著，孩子會發現到分子分母是同時作了乘法運算，這時老師自然也會講到擴分，甚至約分。

擴分，我們試著從它的意義上解釋。

何謂擴，擴是擴大。

但 $\dfrac{1}{2} = \dfrac{2}{4}$，並沒有誰有實際價值的擴大，都是一半。

所以「分」的意思就很重要，分是切割的意思。

所以什麼是擴分：「擴大」它的「切割」。

$\dfrac{1}{2}$ 是將一塊蛋糕切割兩份拿一份

$\dfrac{10}{20}$ 是將一塊蛋糕切割 20 份拿 10 份。

是的，還是吃一樣多，只是切碎了。

所以我們看，從 $\dfrac{1}{2}$ 變成 $\dfrac{2}{4}$，擴分是個動作，達到的效果是：切多拿多，但每人分配到的總量仍然不變。

反過來，如果我想要把 $\dfrac{2}{4}$ 這個已經切碎的分數，變回本來的 $\dfrac{1}{2}$，孩子就知道了：需要把它黏回來，或是把它綁起來。

怎麼綁呢？用繩子！用膠帶，把它的切割給「約束」起來。

「約束」它的「切割」，就是「約」「分」。

無論是擴分還是約分，結果都是變成它的等值分數。字面上看起來，或許有大有小，但是價值都是相同。

例如：$\frac{12}{21} = \frac{4}{7}$，就是把每三個綁在一起的結果。

而什麼是通分呢？

我們也從字面上去拆解。通就是「互通」，古文還有「相通，相同，統一」的意思。

所以什麼是通分，就是「統一」它的「切割」，管的就是本來不同的切割，也就是如何「統一分母」。

把 $\frac{1}{2}$、$\frac{1}{3}$ 這兩個不同的分母，一個原切 2 份、一個原切 3 份，統統變成相同的切割 6 份，這樣的過程稱為「同切」，即「通分」。

例如：$\frac{1}{2} = \frac{3}{6}$、$\frac{1}{3} = \frac{2}{6}$，這將可協助它們建立共通點，未來可作對話。所以通分的使用時機，是在多個分數卻要變相同分母的時候。

【結論】
1. 擴分：將一個分數擴大它的切割，但大小不變，依舊就是等值分數。
2. 約分：將一個分數約束它的切割，但大小不變，依舊就是等值分數。
3. 通分：好幾個不一定等值的分數，變成相同分母的動作。

16. 為什麼要找等值分數？

分數的格式相對抽象，分母會變，分子會變，若是帶分數，連前面的整數也在變，所以相較起來它很難掌控，較不穩定。

首先一個分數，510 分之 170，到底是多少？人的腦袋並不好處理。這個分數，我好像有聽沒有懂，其實我並不知道它的佔地有多少，

但是如果我知道 $\dfrac{170}{510} = \dfrac{1}{3}$，所有人都會立即有產生份量感

所以找等值分數的能力，的確有必要性。

再來，若一個分數都已經這麼複雜，可以想像兩個分數的時候只會更加麻煩，例如兩個分數怎麼比較大小？

$\dfrac{5}{8}$ 和 $\dfrac{4}{7}$ 誰大誰小？分母大的分子也大，沒有共通性，這要能夠立即看出並不容易，如果能讓分子和分母其中一個不變，是否就好想多了？

等值分數再一次開工。$\dfrac{5}{8}$ 等於 $\dfrac{35}{56}$，$\dfrac{4}{7}$ 等於 $\dfrac{32}{56}$，而切 56 拿 35 份明顯比拿 32 份吃得多。

而若只是想要比大小，其實沒有規定要是分母變成一樣，例如這一題也可以改寫一個方法：

$\dfrac{5}{8}$ 等於 $\dfrac{20}{32}$，$\dfrac{4}{7}$ 等於 $\dfrac{20}{35}$，一樣是要拿 20 份，同一塊蛋糕只切 32 份的，肯定就比較多了。

【結論】
化成同分母或者同分子，對於比較兩個不同的分數，彼此對話很有幫助。

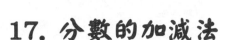

17. 分數的加減法

分數代表的是切割、破碎，那麼想把不完整的東西作比較，或是放在一起，就會是一個常見的問題。

例如：中午買了兩盒披薩，第一盒剩下 $\frac{1}{2}$，第二盒剩下 $\frac{1}{4}$，如果我想把這些剩下的午餐加起來，放進盒子裡。請問合併一起後，共有多少？

孩子知道是要把 $\frac{1}{2} + \frac{1}{4}$。

但一個是切兩份，一個是切 4 份，都放進同盒子裡是沒問題，可是怎麼知道一共是有多少？

我們來看一下圖。

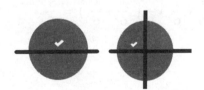

圖上好像隱約看得出來，$\frac{1}{2}$ 和 $\frac{1}{4}$ 雖然大小塊不同，但可以切開來再作討論。$\frac{1}{2}$ 是可以切成兩個 $\frac{1}{4}$，只要切開就可以合併。

所以 $\frac{1}{2} + \frac{1}{4} = \frac{1}{4} + \frac{1}{4} + \frac{1}{4} = \frac{3}{4}$

換個例子：

$$\frac{1}{2} + \frac{1}{3} = ?$$

我先讓孩子來看個圖。

圖中可以看出，我可以切割成 6 份，可以把這兩個零散 pizza 塞進去

$$\frac{1}{2} + \frac{1}{3} = (\frac{1}{6} + \frac{1}{6} + \frac{1}{6}) + (\frac{1}{6} + \frac{1}{6}) = \frac{5}{6}$$

再來複雜一點：

$$\frac{1}{3} + \frac{1}{5} = ?$$

看著圖想，我把切 3 份的，每一格再切碎 5 份，切 5 份的每一格再切碎 3 份，也就是都可共同切成 15 份，這樣就可以談合併擺盤了。

而切 4 份跟切 9 份，則可作 36 份的公共切割。

這些例子給我們的啟示，越看也就越清楚了，只要能做出公倍數的切割，就一定可以合併，不同的分數，只要想辦法做了相同切割，它們便能作對話。

什麼是相同切割？就是相同分母。其實也就是剛才提的通分。

我們來通一下！

$$\frac{1}{2} + \frac{1}{3} = \frac{3}{6} + \frac{2}{6} = \frac{5}{6}。$$

減法呢？

$$\frac{1}{2} - \frac{1}{3} = \frac{3}{6} - \frac{2}{6} = \frac{1}{6}。$$

我們看個圖吧。

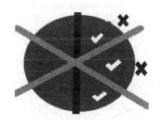

【結論】

不同分母的分數，想作加法和減法，先作通分吧。

只要建立好的共同切割，容易併盤，很好合分。

18. 分數的乘法

我把乘法分類一下：

1. 整數×整數
2. 分數×整數
3. 整數×分數
4. 分數×分數

先寫個例子：

(1) $4 \times 3 = ?$

(2) $\dfrac{1}{2} \times 4 = ?$

(3) $4 \times \dfrac{1}{2} = ?$

(4) $\dfrac{1}{3} \times \dfrac{1}{2} = ?$

和孩子逐個討論。

(1) $4 \times 3 = ?$

　　　4 拿 3 次 $= 4+4+4 = 12$

(2) $\dfrac{1}{2} \times 4 = ?$

　　　$\dfrac{1}{2}$ 拿 4 次 $= \dfrac{1}{2} + \dfrac{1}{2} + \dfrac{1}{2} + \dfrac{1}{2} = \dfrac{4}{2} = 2$

(3) $4 \times \dfrac{1}{2} = ?$

　　　a. 可用交換律想： $4 \times \dfrac{1}{2} = \dfrac{1}{2} \times 4 = 2$

　　　b. 依照定義： 4 拿 $\dfrac{1}{2}$ 次 = 4 拿半次 $= 2$

(4) $\frac{1}{3} \times \frac{1}{2} = ?$

這題若用上一題的交換想，會沒有效果，只能先用乘法定義想。

【思考一】

$\frac{1}{3} \times \frac{1}{2} \rightarrow \frac{1}{3}$ 拿 $\frac{1}{2}$ 次 $\rightarrow \frac{1}{3}$ 拿半次，這個倒是很適合圖形思考。

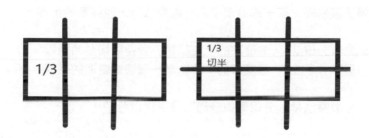

總切割數會是 6 塊，選取其中 1 塊是我的，$\frac{1}{3} \times \frac{1}{2} = \frac{1}{6}$

再幾個例子：

（1）$\frac{2}{5} \times \frac{1}{3} \rightarrow \frac{2}{5}$ 拿 $\frac{1}{3}$ 次

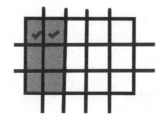

總切割數 = 15
選取 = 2
$\frac{2}{5} \times \frac{1}{3} = \frac{2}{15}$

（2）$\dfrac{2}{3} \times \dfrac{5}{7} \rightarrow \dfrac{2}{3}$ 拿 $\dfrac{5}{7}$ 次

總切割數 = 21
選取 = 10

$$\dfrac{2}{3} \times \dfrac{5}{7} = \dfrac{2 \times 5}{3 \times 7}$$

經過了這幾關，孩子都發現了，分數乘法有一些固定的節奏。

我們先看分母 21，怎麼來的？這就是一個連續切割的過程，21 = 3×7
再去理解分子 10，怎麼來的？這就是一個連續選取的過程，10 = 2×5

即，分數乘法是：分母乘以分母，分子乘以分子。

這個結果比分數加減法還容易算，倒是蠻出乎意料的！

所以我們再花一些時間看看，除了剛才使用畫圖法之外，分數乘法有沒有其他思考方法呢？多和孩子分享。

【思考二】

$\dfrac{2}{3} \times \dfrac{5}{7}$ （原三分之二，拿裡面的七分之五）

$= \dfrac{2 \times 7}{3 \times 7} \times \dfrac{5}{7}$ （先擴分，再拿裡面的七分之五）

$= \dfrac{拿2 \times 7裡面的七分之五}{3 \times 7}$

$= \dfrac{拿2的7倍再切7份，拿5份}{3 \times 7}$

$= \dfrac{2 \times 5}{3 \times 7}$

【思考三】

$\dfrac{2}{3} \times \dfrac{5}{7}$

$= (2 \div 3) \times (5 \div 7)$

$= 2 \div 3 \times 5 \div 7$

$= 2 \times 5 \div 3 \div 7$

$= (2 \times 5) \div (3 \times 7)$

$= \dfrac{2 \times 5}{3 \times 7}$

【思考四】：類似的算式很多種。

$\dfrac{2}{3} \times \dfrac{5}{7}$

$= \dfrac{2}{3} \times (5 \div 7)$

$= \dfrac{2}{3} \times 5 \div 7$

$= \dfrac{2 \times 5}{3} \div 7$

$= \dfrac{2 \times 5 \times 7}{3 \times 7} \div 7$

$= \dfrac{2 \times 5}{3 \times 7}$

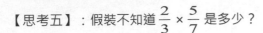

【思考五】：假裝不知道 $\dfrac{2}{3} \times \dfrac{5}{7}$ 是多少？

但是我們知道它變化後的版本：$(\dfrac{2}{3} \times \dfrac{5}{7}) \times (3 \times 7) = \dfrac{2}{3} \times 3 \times \dfrac{5}{7} \times 7 = 2 \times 5$

也就是 $(\dfrac{2}{3} \times \dfrac{5}{7}) \times (3 \times 7) = (2 \times 5)$

$\Box \times (3 \times 7) = (2 \times 5)$

所以 $\boxed{\dfrac{2}{3} \times \dfrac{5}{7}} = (2 \times 5) \div (3 \times 7) = \dfrac{2 \times 5}{3 \times 7}$ 。

【結論】

$$\dfrac{a}{b} \times \dfrac{c}{d} = \dfrac{a \times c}{b \times d}$$

分數的乘法答案是：分母乘以分母，分子乘以分子。

19. 分數乘法為什麼可以約分（一）？

擴分：是指每一份量都再切割，例如 $\dfrac{1}{2} = \dfrac{3}{6}$ 是切碎成 3 份的結果。

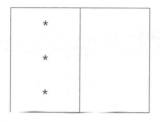

約分：是將切割再黏合回來，例如 $\dfrac{3}{6} = \dfrac{1}{2}$ 是把「每切碎的 3 片」都再縫補合一回來。

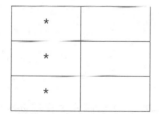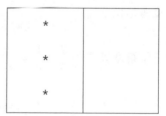

我們看到，無論是擴分還是約分，都是指「一個分數」在作等值分數的尋找，雖然切割的方式有所不同，但是分數的總量都還是相同的。

但這樣人就有點疑惑了，為什麼分數的乘法會有約分的問題，乘法不是至少有兩個數字嗎？

例如 $\dfrac{2}{3} \times \dfrac{1}{4} = ?$

$$\dfrac{\overset{1}{\cancel{2}}}{3} \times \dfrac{1}{\cancel{4}_{2}}$$

為什麼 2 和 4 可以約分呢？這不是歪的嗎？
為什麼歪歪的也可以約分？

先思考一下直接算的狀況？

$$\dfrac{2}{3} \times \dfrac{1}{4} = \dfrac{2}{12} = \dfrac{\cancel{2}}{\cancel{12}} = \dfrac{1}{6}$$

的確到最後一樣約分了，和先約分答案也確實是一樣的。

為什麼會這樣？

研究一下這個算式：$\dfrac{2}{3} \times \dfrac{1}{4} = \dfrac{1}{6}$

$\dfrac{2}{3} \times \dfrac{1}{4} = \dfrac{2 \times 1}{3 \times 4} = \dfrac{\cancel{2}}{\cancel{12}} = \dfrac{1}{6}$ 是同時約分÷2，而 2 這個元素是從何來呢？

分子是來自於 $\dfrac{2}{3}$ 的 2，分母的 2 來自於 $\dfrac{1}{4}$ 的 4。

現在我們覺得清楚了，分數的乘法有一個特色，會把分母乘以分母變成新的分母，分子乘以分子變成新的分子，所以為什麼可以約分？因為他們終究是一家人，會變成同一分數。

我們用算式表示一下：

$$\frac{2}{3} \times \frac{1}{4} = \frac{2 \times 1}{3 \times 4} = \frac{1}{6}$$

$$\frac{2}{4} \times \frac{1}{3} = \frac{2 \times 1}{4 \times 3} = \frac{1}{6}$$

2 和 4 自然就可以約分了。

複雜一點的也可以，反正都可以搬家。

$$\frac{2}{5} \times \frac{7}{2} \times \frac{5}{7} = \frac{2}{2} \times \frac{7}{7} \times \frac{5}{5} = 1$$

或是寫成 $\frac{2}{5} \times \frac{7}{2} \times \frac{5}{7} = 1$，而更多分數相乘也一樣。

【結論】

分數乘以分數是蝴蝶結約分法。上下和斜皆可約分。

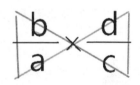

20. 分數乘法為什麼可以約分（二）？

分數乘法的教學裡，到了後段進入約分的階段，孩子對於計算已經熟悉，所以一般約分都是用算式來介紹，不過我倒是很推薦繼續用量來思考，輔助學生理解。

$$\frac{2}{3} \times \frac{1}{4} = \frac{\cancel{2}^{1}}{3} \times \frac{1}{\cancel{4}_{2}} = \frac{1}{6}$$

$\frac{2}{3}$ 乘以 $\frac{1}{4}$ 是什麼意思：

一塊蛋糕，先要切 3 份其中拿 2 份，再把這些，切 4 份拿其中 1 份。

我們也明白，分數乘法是一連串的切及拿的動作。

我們觀察一下算式中的 2 和 4，意義是拿的這 2 份再切 4 塊挑一塊。既然拿了還要切，我們為什麼不拿少一點，就不用切那麼多段了。

拿的這 2 份再切 4 塊挑一塊，這個結果和拿 1 份切 2 塊的情況，是不是也相同呢？

看圖觀察 2 個蘋果切 4 份，以及 1 個蘋果切 2 份。

拿多的切多，拿少的切少，是不是一樣呢？

這樣可以解釋 $\dfrac{\cancel{2}^{1}}{3} \times \dfrac{1}{\cancel{4}_{2}}$ 為什麼可以斜的約分了。

$$\dfrac{2}{3} \times \dfrac{1}{4} = \dfrac{1}{3} \times \dfrac{1}{2}$$

用量來思考，並不是就一定會比用算式來得高明，而是我們常數學老師，要有能力處理孩子的需要，有的孩子適合用算式切入，有的孩子適合用量的方法切入，我們要有多套劇本。切入點的不同，也能增加討論，增加思考深度。

數學教學，重音在教學。數學課，重點在孩子。

【結論】
分數乘法約分這個主題，分子和分母的約分，「其實是切和拿的簡化」。很有趣。

21. 分數除法的情境

除法的使用時機有：
1. 平分，要問每一份拿多少？
2. 清空，問需要幾次？

例如：$12 \div 2 = 6$
1. 有 12 顆蘋果分給兩個人，問每一個人可拿到多少？（平分）
2. 有 12 顆蘋果在桌上，一天吃 2 顆，請問幾天會吃光？（清空）

但是分數除法比較不好想，我們試試將真分數和帶分數分開作思考。

例如：$12 \div \dfrac{1}{2} = ?$
1. 有 12 顆蘋果分給半個人，問每一個人可拿到多少？（平分）
2. 有 12 顆蘋果在桌上，一天吃半顆，請問幾天會吃光？（清空）

例如：$12 \div 1\dfrac{1}{2} = ?$
1. 有 12 顆蘋果分給 $1\dfrac{1}{2}$ 個人，問每一個人可拿到多少？（平分）
2. 有 12 顆蘋果在桌上，一天吃 $1\dfrac{1}{2}$ 顆，請問幾天會吃光？（清空）

其中一部分改成更合理的情境：

$$12 \div \dfrac{1}{2} = ?$$

1. 有 12 顆蘋果分裝在半個盒子，問每一個盒子可裝到多少？（平分）
2. 有 12 顆蘋果在桌上，一天吃半顆，請問幾天會吃光？（清空）

$12 \div 1\frac{1}{2}$ = ?

1. 有 12 顆蘋果分裝在 $1\frac{1}{2}$ 個盒子，問每一個盒子可裝到多少？(平分)

2. 有 12 顆蘋果在桌上，一天吃 $1\frac{1}{2}$ 顆，請問幾天會吃光？（清空）

$12 \div \frac{1}{2}$ = ? 先不要教計算技巧，帶孩子自由思考。

1. 有 12 顆裝在半盒裡，所以一盒就會有 12×2 = 24 顆。

2. 一天吃半顆，所以 2 天吃一顆，12 顆可以吃 12×2 = 24 天。

$12 \div 1\frac{1}{2} = ?$

1. 有 12 顆裝在一盒半裡，所以一盒就是。12÷3×2＝8 顆。

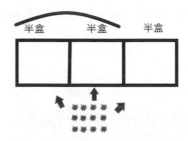

2. 一天吃一顆半，所以 2 天吃 3 顆，12 顆可以吃 12÷3×2＝8 天。

【結論】

分數的除法，在使用「平分」的時機時，會有「平均」、「還原為一份」的意思，結果可能比本來多，也可能比本來少。

22. 分數的除法

分數除法被學生認為是困難單元之一，不太容易解釋及運用。

上個單元我們已經先討論了使用的情境，是會用在除法的兩個時機上：
也就是「平分還原」與「連減清空」接著這個單元我們繼續來研究算式。

舉個例子：

例 $\dfrac{100}{21} \div \dfrac{2}{3} = ?$

1. $\dfrac{100}{21}$ 公升牛奶分裝在 $\dfrac{2}{3}$ 個瓶子，問每一個瓶子可裝到多少？（平分）

2. $\dfrac{100}{21}$ 公升牛奶在桌上，一天喝 $\dfrac{2}{3}$ 公升，請問幾天會喝光？（清空）

我們逐一討論。

【平分還原】問每一份多少？　　$\dfrac{100}{21} \div \dfrac{2}{3} = ?$

$\dfrac{100}{21}$ 公升牛奶分裝在 $\dfrac{2}{3}$ 個瓶子，問每一個瓶子可裝到多少？

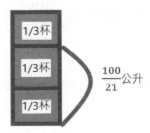

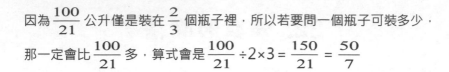

因為 $\dfrac{100}{21}$ 公升僅是裝在 $\dfrac{2}{3}$ 個瓶子裡，所以若要問一個瓶子可裝多少，那一定會比 $\dfrac{100}{21}$ 多，算式會是 $\dfrac{100}{21} \div 2 \times 3 = \dfrac{150}{21} = \dfrac{50}{7}$

我有兩格，你要問我三格，精簡一點說是 $\dfrac{3}{2}$ 倍，算式寫成 $= \dfrac{100}{21} \times \dfrac{3}{2}$

即 $\dfrac{100}{21} \div \dfrac{2}{3} = \dfrac{100}{21} \times \dfrac{3}{2}$

【連減清空】問需要次數？　　$\dfrac{100}{21} \div \dfrac{2}{3} = ?$

$\dfrac{100}{21}$ 公升牛奶在桌上，一天喝 $\dfrac{2}{3}$ 公升，請問幾天會喝光？

這其實是減法，連減問次數，但這時候就要要求同分母了，畢竟是減法。

隨意通分一下：

$\dfrac{100}{21} \div \dfrac{2}{3} = \dfrac{300}{63} \div \dfrac{42}{63}$ →可減幾次呢？

$300 \div 42 = 7$ 次多，精準說是 $300 \div 42 = \dfrac{300}{42} = 7\dfrac{1}{7} = \dfrac{50}{7}$

我擷取一下：$\dfrac{100}{21} \div \dfrac{2}{3} = \dfrac{300}{42}$

觀察上面算式這 300 和 42 是怎麼來的？

仔細看，是擴分。

300 = 100×3
42 = 21×2

再整理一下：$\dfrac{100}{21} \div \dfrac{2}{3} = \dfrac{100 \times 3}{21 \times 2}$，也就是 $\dfrac{100}{21} \div \dfrac{2}{3} = \dfrac{100}{21} \times \dfrac{3}{2}$

這和平分的結果一樣。

【結論】
分數除法答案就是被除數與除數的倒數相乘。

$$\frac{a}{b} \div \frac{c}{d} = \frac{a}{b} \times \frac{d}{c}$$

23. 分數除法為什麼可以約分

分數除法如果和分數乘法的計算有關，那麼分數除法應該也會談到約分方法。在此我們從算式去作觀察。

$$\frac{2}{3} \div \frac{4}{7} = \frac{2}{3} \times \frac{7}{4} = ?$$

$\dfrac{\cancel{2}}{3} \times \dfrac{7}{\cancel{4}}$，其中 2 和 4 可以約分。

代表→ $\dfrac{2}{3} \div \dfrac{4}{7}$ 中的 2 和 4 也可以約分。

$$\frac{\overset{1}{\cancel{2}}}{3} \div \frac{\overset{2}{\cancel{4}}}{7} = \frac{1}{3} \div \frac{2}{7} = \frac{7}{6}$$

意思是分數乘法是可以斜的約分，倒數後，分數除法就會變成左右的約分。左上約右上，左下約右下。

【結論】
分數乘以分數：蝴蝶結約分法

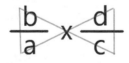

分數除以分數：長方形約分法

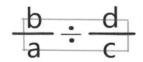

70

24. 整數除法與分數

除法是一種運算，代表的是切割、分開的動作。

分數是一個數，是一個經過切割，可能會不完整的數。

所以我們有感覺到除法、分數、小數之間，有著意義上的重疊，只是關係親近到什麼程度呢？我們這篇先來思考除法與分數這兩部分。

除法有兩種使用時機，一是分配問平均、二是累減問次數。

例如：$8 \div 2 = 4$

1. 【平分】：8 顆蘋果，半分給 2 人，請問每人拿到幾顆？
2. 【累減】：8 顆蘋果，一天吃 2 顆，請問幾天會吃光？

我們在這裡有看到除法，但目前沒有看到分數。

兩種情況，都看看有沒有分數的痕跡？

1. 【平分】：8 顆蘋果，平分給 2 人，請問每人拿到幾顆？

要是只有一顆蘋果就比較有分數感了，1 顆蘋果，平分給 2 人，請問每人拿到幾顆？很明顯是半顆，也就是 $\frac{1}{2}$ 顆。

但若是有 2 顆蘋果，平分給 2 人，請問每人拿到幾顆？
這題又沒分數感了。答案是 1 顆。

我們試試換個方法分這 2 顆蘋果。

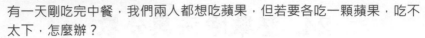

有一天剛吃完中餐，我們兩人都想吃蘋果，但若要各吃一顆蘋果，吃不太下，怎麼辦？

合削一顆吧。$1 \div 2 = \dfrac{1}{2}$

1/2　　1/2

到了晚餐，我們再次合削那另外一顆。$1 \div 2 = \dfrac{1}{2}$

$\dfrac{1}{2} + \dfrac{1}{2} = \dfrac{1}{2}$ 拿兩次 $= \dfrac{2}{2}$。

即 $2 \div 2 = \dfrac{2}{2}$

再來，3 顆蘋果，平分給 2 人。$3 \div 2 = ?$

我們一顆一顆削，分三餐削蘋果，$\dfrac{1}{2} + \dfrac{1}{2} + \dfrac{1}{2} = \dfrac{1}{2} \times 3 = \dfrac{3}{2}$

接著我們繼續延伸：37 顆蘋果，平分給 25 人。$37 \div 25 = ?$

我們觀察一顆一顆削的過程，每個人會從第一顆中拿到 $\dfrac{1}{25}$，第二顆中也拿到 $\dfrac{1}{25}$，累積 37 顆蘋果後，$\dfrac{1}{25} \times 37 = \dfrac{37}{25}$

所以在平分的情境下，我們知道了除法結果就是分數，$37 \div 25 = \dfrac{37}{25}$，

被除數將變成分子，除數將變成分母。

$$a \div b = \dfrac{a}{b}$$

另一種情況呢？

【累減】：8 顆蘋果，一天吃 2 顆，請問幾天會吃光？

一樣的我先把問題改成一顆蘋果。

一天吃兩顆蘋果，而我有一顆蘋果，幾天會吃完？

很明顯不到一天，半天就吃完了。也就是 $\dfrac{1}{2}$ 天

$$1 \div 2 = \dfrac{1}{2}$$

那兩顆蘋果呢？正好一天吃完。

我已經有討論的經驗了，我知道這時可以換句話說，一顆蘋果吃半天，

兩個蘋果就是兩個半天，兩個 $\dfrac{1}{2}$ ，就是一天，也就是 $\dfrac{1}{2} \times 2 = \dfrac{2}{2}$ 天。

即 $2 \div 2 = \dfrac{2}{2}$ 。

這下速度就快了，8 顆蘋果，一天吃 3 顆，請問幾天會吃光？
$8 \div 3 = ?$

一樣的，我們一顆顆看，第一顆蘋果需要 $\dfrac{1}{3}$ 天吃完，第二顆蘋果也需要

$\dfrac{1}{3}$ 天吃完，共 8 顆，共要 $\dfrac{8}{3}$ 天。即 $8 \div 3 = \dfrac{8}{3}$ 。

結論相同，在連減問次數的情境下，除法結果也會是分數。

【結論】
整數除法的答案，很方便可用分數回答。被除數變成分子，除數將變成
分母。觀察孩子，知道原理的較少，死背的多。

25. 移動小數點

前面乘法單元討論完：7 × 10 = 70，答案就會是在 7 的右邊直接加上一個零，這個發現對於接續架構整數，特別是大數乘除法很有幫助。

其中的「右邊直接加上一個零」，也可換句話說，7 會向左邊遷移一步，也可以說是把小數點向右邊移動一位，而缺的位子再補上零，答案也是70。

同樣情況，70 ÷ 10 = 7，就會是 70 少一個 0，或是換句話說，小數點會向左邊一位。

即：
25 × 10 = 250 → 小數點右移 1 位。
25 ÷ 10 = 2.5 → 小數點左移 1 位。

25 × 100 = 2500 → 右移 2
25 ÷ 100 = 0.25 → 左移 2

0.7 × 10 = 7 → 右移 1
0.7 ÷ 10 = 0.07 → 左移 1

0.7 × 100 = 70 → 右移 2
0.7 ÷ 100 = 0.007 → 左移 2

以上這種規則的發現，對小數的乘除頗有用處。

【結論】
× 10：小數點會向右邊一位。
÷ 10：小數點會向左邊一位。

26. 小數的意義與特色

小數是一種分數的型態，只是分數沒有強制切割數，而小數有限定。

例如：

$\frac{1}{10}$ 的小數型態叫作 0.1

2 又 $\frac{1}{10}$ 的小數型態叫作 2.1

2 又 $\frac{2}{10}$ 的小數型態叫作 2.2

2 又 $\frac{3}{10}$ 的小數型態叫作 2.3

2 又 $\frac{1}{100}$ 的小數型態叫作 2.01

2 又 $\frac{1}{1000}$ 的小數型態叫作 2.001

指定分母是 10、100、1000、10000...
對應小數位 0.1、0.01、0.001、0.0001...

若沒辦法變成上述指定分母的，就沒辦法變成那一位的小數了。

看來小數和分數、整數分別都有很強的連結。

小數是分數的親戚，它可表達某些特定的破碎情況。純小數和真分數一組，帶小數和帶分數一組。

而小數也是整數的親戚，每一位之間都呈現 10 倍關係，於是觀察到小數和整數在四則運算方法上性質多有重疊。

27. 小數的乘法

回顧過去幾個乘除法的例子。

$25 \times 10 = 250$
$25 \div 10 = 2.5$

$25 \times 100 = 2500$
$25 \div 100 = 0.25$

$0.7 \times 10 = 7$
$0.7 \div 10 = 0.07$

$0.7 \times 100 = 70$
$0.7 \div 100 = 0.007$

現在想進一步找的是，全部都是小數的乘法，例如 $0.1 \times 0.1 = ?$

希望我們可以討論出許多種解釋的方法。

1. 小數可以寫成分數，用分數乘法的方法，那麼就比較快了。

$$0.1 \times 0.1 = \frac{1}{10} \times \frac{1}{10}$$

這個方法挺順的，分母乘以分母，分子乘以分子：

$$= \frac{1}{100} = 0.01 \text{。}$$

再擴大到 $0.9 \times 0.7 = \frac{9}{10} \times \frac{7}{10} = \frac{63}{100} = 0.63$

2. 其實我們不知道 0.1×0.1 是多少沒關係，只要會 0.1×0.1 的爸爸
   或爺爺就可以。

   什麼意思？

   這個方法是學生發明的，「爺爺法」，

   孩子是 0.1×0.1 = ？不知道多少。

   爸爸是 0.1×0.1×10 = 0.1（0.1 和 10 相乘抵銷）

   爺爺是 0.1×0.1×10×10 = 1（10×10 = 100，和兩個 0.1 分別相乘抵
   銷）

   孫子乘以 100 後是爺爺 1， 那孫子 0.1×0.1 當然是 0.01 無誤！

   很喜歡孩子發明的這個方法，好可愛，很明白。

最後來詳細列個式：

$$(0.1×0.1) ×100$$
$$= 0.1×0.1×10×10$$
$$= 0.1×10×0.1×10$$
$$= (0.1×10) × (0.1×10)$$
$$= 1×1$$
$$= 1$$

$$(0.1×0.1) ×100 = 1$$

$$\square ×100 = 1$$

所以 0.1×0.1 = 0.01

裡面有些是稍後單元才會討論的計算規律：前用交換律、後用了結合律。

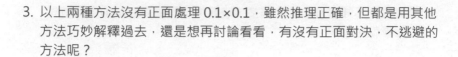

3. 以上兩種方法沒有正面處理 0.1×0.1，雖然推理正確，但都是用其他方法巧妙解釋過去，還是想再討論看看，有沒有正面對決，不逃避的方法呢？

　　最主要的疑惑是：乘數是 0.1，會是什麼意思？

　　先舉些老例子看看：
　　3×2 → 3 拿 2 次 = 6
　　0.1×2 → 0.1 拿 2 次 = 0.2
　　0.5×2 → 0.5 拿 2 次 = 1

　　那，2×0.5 直接解釋→ 2 拿 0.5 次
　　0.5 次是什麼？就是半次。
　　2×0.5→ 2 拿半次 = 1

　　2×0.1 直接解釋→ 2 拿 0.1 次
　　0.1 次是什麼？

　　0.1 次就是不到 1 次，只拿 $\dfrac{1}{10}$ 而已，也就是要切十份→ 2÷10，

　　÷10 我們有討論過，會使答案退一位。

　　所以 0.1×0.1 → 0.1 拿 0.1 次 → 使 0.1 退位一格 = 0.01

　　→0.1×0.1 = 0.01。也看出小數點後面都可以累積，小數一位乘以小數一位，成為小數兩位。

4. 「0.1×0.1」是一個充滿切割元素的算式，可以多使用分數或是除法討論，我們來試試另一種，也是除法。

　　0.1×0.1 =（1÷10）×（1÷10）= 1÷10×1÷10 = 1×1÷10÷10
　　= 1÷100 = 0.01

　　裡面用到了一些計算規律。

5. 用正方形面積思考。
   1 公分×1 公分 = 1 平方公分

   0.1 公分×0.1 公分 = 多少平方公分？用圖思考很快會有想法。

只剩一小格，所以只有原本 1 平方公分的 $\dfrac{1}{100}$。

0.1 公分×0.1 公分 = $\dfrac{1}{100}$ 平方公分 = 0.01 平方公分

→0.1×0.1 = 0.01

討論到一個段落，數字如果大一點呢？例如，0.7×0.9 = ?

用以上種方法皆可以講解，我們選擇其中一種再玩一次，
0.7×0.9 = 0.1×7×0.1×9 = 0.1×0.1×9×7 = 0.01×63 = 0.63

再來一個例子 0.01×0.1 = ?　　回憶：×0.1→小數點將左移 1 位。

0.01 再把小數點左移一格，是 0.001，這裡一樣看出小數位累積的痕跡。

所以 0.07×0.9 = 0.01×7×0.1×9 = 0.01×0.1×9×7 = 0.001×63 = 0.063

【結論】
觀察以上兩題，都是先算 9×7，再改小數點即可。
0.7×0.9 = 0.63，共會有兩個小數位。
0.07×0.9 = 0.063，共會有三個小數位。

28. 小數乘法的直式

承接上個單元 0.7×0.09 = 0.063，重點在 7×9 = 63，以及調整小數點後共三位。

下一個問題是，如果數字很大怎麼辦？會需要直式。

0.17×0.9 = ？

我們依舊先計算 17×9，後面再調整小數點後三位。

直式

```
      1  7
×        9
─────────
   1  5  3
```

於是看到有人在算式上，就直接作了簡約。

```
      0.  1  7
×         0.  9
──────────────
      1  5  3
→ 0.  1  5  3
```

這裡的小數點只是裝飾用，最後才補上，只是記帳，並不在乎對不對齊的問題。

主要還是在算 17×9。

【結論】
小數的骨子裡還是整數乘法。我們和孩子溝通，小數乘法直式沒有一定的形式，但最後小數點和答案則需記錄清楚。

29. 小數除法的情境

和孩子談到這裡，作點整理。

回顧除法的一些分類。

1. 會由情境決定計算要停在哪裡？
   A. 9÷2＝4 餘 1（算到某一位停）
   B. 9÷2＝4.5（算到除盡或循環）

2. 以及使用時機：是平分問每一份多少？還是清空問需要幾次？
   甲. 9 顆蘋果分給兩個人，每一個人可拿到多少？（平分）
   乙. 9 顆蘋果在桌上，一天吃 2 顆，請問幾天會清空？（清除）

我們試一題小數的除法 3.9÷1.2，先用不同的分類來理解看看，情境合不合適還不知道，先試著使用，有問題再作修正！

	甲	乙
A	3.9 顆蘋果分給 1.2 個人，每一個人可拿到多少？指定答案算到整數。	3.9 顆蘋果在桌上，一天吃 1.2 顆，請問幾天會清空？指定答案算到整數。
B	3.9 顆蘋果分給 1.2 個人，每一個人可拿到多少？	3.9 顆蘋果在桌上，一天吃 1.2 顆，請問幾天會清空？

此時有些題意不合理問題，我們把甲中的 1.2 人略作修改。乙就不動。

	甲	乙
A	3.9 公升牛奶分倒在 1.2 個瓶子中，問若一瓶可倒多少？算到整數。	3.9 顆蘋果在桌上，一天吃 1.2 顆，請問幾天會清空？指定答案算到整數。
B	3.9 公升牛奶分倒在 1.2 個瓶子中，問若一瓶可倒多少？算到整數。	3.9 顆蘋果在桌上，一天吃 1.2 顆，請問幾天會清空？

答案部分也列個表：

	甲	乙
A	3.9 公升牛奶分倒在 1.2 個瓶子中，問一瓶可倒多少？算到整數。 *3.9÷1.2 = 3 餘 0.3* 答：一瓶可分到 3 公升，1.2 瓶裝好還剩餘 0.3 公升。	3.9 顆蘋果在桌上，一天吃 1.2 顆，請問幾天會清空？指定答案算到整數。 *3.9÷1.2 = 3 餘 0.3* 答：能完整吃 3 天，桌上剩下 0.3 顆蘋果。
B	3.9 公升牛奶分倒在 1.2 個瓶子中，問一瓶可倒多少？ *3.9÷1.2 = 3.25* 答：一瓶可裝 3.25 公升。	3.9 顆蘋果在桌上，一天吃 1.2 顆，請問幾天會清空？ *3.9÷1.2 = 3.25* 答：能吃 3.25 天。

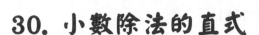

30. 小數除法的直式

為什麼 0.8÷0.2 = 8÷2？孩子是用背誦的嗎？

我們來多找幾個方法吧！一起討論吧！

1. 【從過去的規律看】

a. $8÷2 = 4$
b. $80÷2 = 40$
c. $80÷20 = 4$
d. $800÷2 = 400$
e. $800÷20 = 40$
f. $800÷200 = 4$
g. $9÷2 = 4.5$
h. $90÷2 = 45$
i. $90÷20 = 4.5$
j. $900÷2 = 450$
k. $900÷20 = 45$
l. $900÷200 = 4.5$

在這些例子中我們發現，被除數增為 10 倍，答案會同步 10 倍，除數增為 10 倍，答案會同步 $\frac{1}{10}$ 倍。所以被除數和除數同時給予倍數，商並不會變。

所以：$8÷2 = 4$，同時除以 10，0.8÷0.2 答案也是 4。

若以答案而言相同，但 8÷2 很明顯比 0.8÷0.2 好算，所以我們會選擇往 8÷2 靠近，直式也一樣，當作 8÷2 辦理。

2. 【以除法的定義】

就以「清空問次數」為例：

8÷2：桌上有 8 顆蘋果，一天吃 2 顆，問幾天清空？ 答：4 天。
0.8÷0.2：桌上有 0.8 顆蘋果，一天吃 0.2 顆，問幾天清空？ 答：4 天。

0.2+0.2+0.2+0.2 = 0.8 或 2+2+2+2 = 8，同時變大變小，但問清空次數，這兩者答案一定一樣，對吧？

3. 【除法和分數】

這題的問題是：為什麼 0.8÷0.2 = 8÷2？

除法和分數有關，所以我們也帶孩子用分數思考。

$$8÷2 = \frac{8}{2}$$

$$0.8÷0.2 = \frac{0.8}{0.2}$$

問題轉變成：$\frac{0.8}{0.2} = \frac{8}{2}$ ？

這是等值分數嗎？

很明顯，擴分就是了。

4. 【用分數除法想】

$$0.8 \div 0.2 = \frac{8}{10} \div \frac{2}{10} = \frac{8}{\cancel{10}} \times \frac{\cancel{10}}{2} = \frac{8}{2} = 8 \div 2$$

【結論】

被除數和除數同時放大或縮小同樣倍數，商不會變。直式亦同。

$$0.36 \div 0.02 = 18$$

$$
\require{enclose}
\begin{array}{r}
18 \\
0.02 \enclose{longdiv}{0.36} \\
\underline{2} \\
16 \\
\underline{16} \\
0
\end{array}
$$

31. 小數除法的直式（有餘數版）

我們已經知道可用 9÷2＝4.5 代替計算 0.9÷0.2＝4.5，或代替 0.09÷0.02＝4.5，既然答案一樣，我們確實會選擇用整數 9÷2 去作答，自然是好算很多。

往下再舉例子一樣是除法，只是情境略有改變，此時指定商要是整數，於是就會產生餘數。

9 公升牛奶，每 2 公升一瓶，可完整裝幾瓶？剩多少？
0.9 公升牛奶，每 0.2 公升一瓶，可完整裝幾瓶？剩多少？
0.09 公升牛奶，每 0.02 公升一瓶，可完整裝幾瓶？剩多少？
90 公升牛奶，每 20 公升一瓶，可完整裝幾瓶？剩多少？
900 公升牛奶，每 200 公升一瓶，可完整裝幾瓶？剩多少？

9÷2＝4...1　答：可裝 4 瓶，剩下 1 公升。

我想應該可以繼續用老方法思考吧，我也用 9÷2 代替其他較難算的題目。

0.9÷0.2＝4...1　答：可裝 4 瓶，剩下 1 公升？
0.09÷0.02＝4...1　答：可裝 4 瓶，剩下 1 公升？
90÷20＝4...1　答：可裝 4 瓶，剩下 1 公升？
900÷200＝4...1　答：可裝 4 瓶，剩下 1 公升？

看出錯誤之處了嗎？0.9 公升牛奶，每 0.2 公升一瓶，0.9÷0.2＝4...1？

怎麼可能餘數 1 比被除數 0.9 大，剩下的居然比本來的還多？

應該會是這樣才對：

9÷2 = 4...1　答：可裝 4 瓶，剩下 1 公升。
0.9÷0.2 = 4...0.1　答：可裝 4 瓶，剩下 0.1 公升。
0.09÷0.02 = 4...0.01　答：可裝 4 瓶，剩下 0.01 公升。
90÷20 = 4...10　答：可裝 4 瓶，剩下 10 公升。
900÷200 = 4...100　答：可裝 4 瓶，剩下 100 公升。

0.37÷0.02 = ? 指定商計算到整數位

$$
\begin{array}{r}
\boxed{18} \\
0.02\overline{)0.37} \\
2 \\
\hline
17 \\
16 \\
\hline
\end{array}
$$

還原為　$\boxed{0.01}$

但為什麼被除數、除數移動位置，商不會變？餘數卻會變？

其實這在中年級就遇見過了，90 公升牛奶，每 20 公升裝一瓶，可完整裝幾瓶？剩多少？或是 900 公升牛奶，每 200 公升裝一瓶，可完整裝幾瓶？剩多少？

$$
\begin{array}{r}
4 \\
200\overline{)900} \\
8 \\
\hline
1
\end{array}
\quad\longrightarrow\quad
\begin{array}{r}
\boxed{4} \\
200\overline{)900} \\
8 \\
\hline
\end{array}
$$

還原為 $\boxed{100}$

「可以裝幾瓶」就是商，看到同時放大或縮小的兩個數字，去求它們之間的倍數關係，這倍數確實是不會變，都是 4 倍。

80 是 20 的 4 倍，800 是 200 的 4 倍。

但餘數卻會變？

剩幾公升是減法的結果，確實 90-80 和 900-800，答案就是不一樣。也就是寫直式的時候要注意了！要算商可以把零或小數點劃掉照算，但餘數可不能喔。

【結論】
被除數，除數同時放大縮小時，商不會變。
餘數會變，需再還原成本來的小數點位置。

32. 面積與周長

周長和面積我們計算很多，考卷上也常常考在一起，孩子模仿幾次後也大都會計算了。

但也遇到了一些狀況，先是學生並不是很清楚面積和周長在圖形上的位置，而且也太自然地把周長和面積想在一起，以為它們就是一樣的事。

例如，大部分孩子都打從心裡認為：面積大的形狀，周長就會多，面積小的，周長就會小。

實際上，周長和面積是不同的觀念。一個是管外框有多長，一個是在管內部土地有多大。

為了要強調這一點，我們來思考一種情況。

幫我想兩個形狀，為了計算方便，我們先限定選正方形或者長方形。

請孩子幫我想這兩個形狀：

1. 面積大的那個形狀，周長小。
2. 面積小的那個形狀，周長大。

努力想想，排排積木吧！

是的，這並不少見。

形狀	面積（平方公分）	周長（公分）
2×2	4	8
3×1	3	8

我們找到這個例子是：面積相同，周長有分大小。

另再舉一個例子，面積和周長大小情況相反。

形狀	面積（平方公分）	周長（公分）
3×2	6 （大）	10 （小）
5×1	5 （小）	12 （大）

我們來思考看看，為什麼面積大的周長會比較小呢？

經過操作，有孩子慢慢發現，形狀較集中，周長會比較少，而形狀較鬆散，越經拉長的，周長會越長。也代表面積和周長這兩個項目，並沒有完全互相替代。

我們能不能討論的再仔細一點，讓孩子更具體把周長和面積這兩個項目脫鉤。

誰？或是什麼主題？或是什麼職業？很在乎周長卻不在乎面積？
又有誰相反只單獨在乎面積？不太在乎周長？

我們一起聯想看看。

先來個小例子開個頭。

海岸巡視員巡視我們的海岸線，他在乎國家土地有多大嗎？
不，他只在乎周界有多長！

公園的地下停車場，規劃人員在乎的是面積有多少。

公園周邊的路邊停車場，規劃人員在乎的是周長多少。

【結論】
周長和面積，一個是管外框有多長，一個是管內部土地有多大，意義不同，位置不同，數字大小不同，甚至連單位也不同。

33. 短除法（一）

短除法是一種直式，只是一種比較精簡、濃縮的除法。

只要是名詞或符號，老師都必須清楚的講，因為這些定義類的東西，憑空要孩子自然知道，這是強人所難，並且會讓孩子花上數倍的時間只是在猜，而非推理。

猜不出來就叫數學差嗎？這是老師最要謹慎的。

話說短除法既然是在記帳，是在記什麼帳？

是連除法的帳，舉個例：60÷2÷2÷3＝？
60÷2＝30，30÷2＝15，15÷3＝5。

這一路到底的連除法，如果是直式，會是這樣。

$$2\overline{)\begin{array}{c}30\\60\\\underline{60}\\0\end{array}}\qquad 2\overline{)\begin{array}{c}15\\30\\\underline{30}\\0\end{array}}\qquad 3\overline{)\begin{array}{c}5\\15\\\underline{15}\\0\end{array}}$$

只要是連除法，在計算記錄上會較多，所以對於一些計算比較快的使用者，就有催生想要改革的動機，於是慢慢建立起短除法這種格式。

在這之中有兩種特色：

1.【濃縮】

帳單上，只留下商，不作細緻計算記錄。要使用濃縮方法的人，會要有一些心算能力。

$$
\begin{array}{r}
5 \\
3\overline{)15} \\
2\overline{)\quad 30} \\
2\overline{)\qquad 60}
\end{array}
$$

2.【反過來】

短除法既然是除法，我猜它的長相會和一般除法長得類似，但明顯的，它是倒過來，為什麼？

$$
\begin{array}{l}
2\underline{)60} \\
2\underline{)30} \\
3\underline{)15} \\
\quad 5
\end{array}
$$

我想，這大概是書寫的因素吧。

當我們想要把一個數字作連續除法，在尚未完成之前，其實我們並不知道，它的連續除法，會有多少層樓？

如果一不小心有 100 層樓，照舊的除法格式，全部都向上寫，不就寫到桌上去了，這下就很不方便了。

$$
\begin{array}{r}
\text{很久才會結束} \\
2\overline{)100000} \\
2\overline{)\quad 200000}
\end{array}
$$

雖然我們只是猜測短除法「倒過來」的原因，但我想即使這不是全部理由，也很關鍵，我們有的時候，實在追溯不到千百年前的一個歷史場景。

但這也是初等數學的常見情形，我們的範圍幾乎都是在介紹過去這 2000 年數學前輩『們』的智慧結晶，年代久遠、人數眾多，所以我們經常不太熟悉當時背景，特別還有一點，我們是中文的使用者，這些觀念許多都是外來的，大部分的數學名詞並非中文養分自然堆積呈現，而是翻譯。翻譯就罷，還多是清朝人或更早期翻譯的。數學觀念已經不好懂、符號也多，外加數學名詞還多有文言文感，在這點上我們真是可以體會孩子，特別是國中生孩子的「初學者障礙」，有誰看到「指數律」、「方程式」、「函數」這些古文，沒有內化困難呢？

於是我們要想辦法的是，帶孩子吃美食，要先把外面的包裝打開，我們看到很多孩子不明究理，連著外面的塑膠膜、紙盒也一起咬，這怎麼會好吃呢？

去除學習阻礙，去掉塑膠膜再品嚐，這一點完全依靠老師的帶領了。

找時機甚至還可以分享一些觀念給孩子：我們學習者其實有權利擁有自己的符號和格式，這是受保障的，在理解工具之外，我們還要嘗試去修改工具、發明工具。

同時也作兩個配套準備，一要樂於說明出自己的道理，第二，同步要有能力去理解別人的思維。

數學是一種規律的探索、溝通的工具，並不是別人定的我就一定不能改。雖然符號不是我定的，我學著使用，也不代表我的地位卑微。

有在思考才是意義，給予環境慢慢學，這也是教室人權。我們或許不是反應最快的，但學習之路，總是希望能被溫柔的對待。

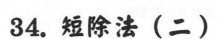

34. 短除法（二）

孩子，24 和 32 的公因數有哪些？

「1、2、4、8」

如果你能輕易的說出答案，那代表你的乘除法很好，
或是 24 和 32 你分別去找因數的能力已經有了，

例如：
24 的因數是 1、2、3、4、6、8、12、24
32 的因數是 1、2、4、8、16、32

所以公因數就有「1、2、4、8」

但立刻還有一個疑問，如果數字較大怎麼辦？
例如 216 和 360 的最大公因數是多少？

學校老師教了一個方法解決這個問題，叫短除法！

過去我們曾學過只有一個數字時的短除法：

例如

$$2\underline{|24} \qquad 2\underline{|32}$$
$$2\underline{|12} \qquad 2\underline{|16}$$
$$2\underline{|6} \qquad 2\underline{|8}$$
$$3 \qquad 2\underline{|4}$$
$$2$$

24 裡面有的因數零件是 2×2×2×3
而 32 裡面有的因數零件是 2×2×2×2×2

什麼是公因數？

是共同的因數，也就是共同的零件。

並列一下吧：

$$\begin{array}{r|l} 2 & 2\,4 \\ \hline 2 & 1\,2 \\ \hline 2 & 6 \\ \hline & 3 \end{array} \qquad \begin{array}{r|l} 2 & 3\,2 \\ \hline 2 & 1\,6 \\ \hline 2 & 8 \\ \hline 2 & 4 \\ \hline & 2 \end{array}$$

只留下共同的，變成這樣：

$$\begin{array}{r|l} 2 & 24,32 \\ \hline 2 & 12,16 \\ \hline 2 & 6,8 \\ \hline & 3,4 \end{array}$$

所謂共同，就是公因數，而 2×2×2 就是裡頭的共同零件，而且是最大的那一個，所以就是最大公因數。

【結論】
使用短除法可以找到最大公因數，兩個數以上皆可使用。

35. 最大公因數與公因數

我用了短除法，已經能找到兩個數的最大公因數，但我是想找到所有公因數，有大有小全都要，該怎麼辦？

孩子說：以前是找不到大的，現在是只有大的，如何找小的？

以 24 和 20 為例，最大公因數的符號記為（24，20）＝？

$$2\underline{)24,20}$$
$$2\underline{)12,10}$$
$$6,5$$

由短除法，我已經知道最大公因數是（24，20）＝ $2 \times 2 = 4$

而公因數就是共同覆蓋的意思，也就是 4 是可以共同覆蓋 20 和 24 的最大可能。

那我怎麼去找到其他較小的覆蓋呢？我們看一下圖。

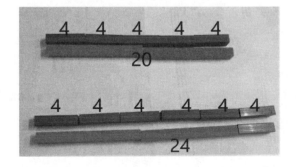

孩子發現，就是再把大覆蓋再去切割即可。

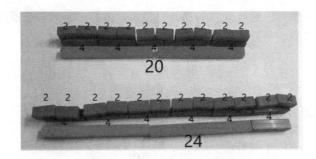

即想找 20 和 24 的公因數，若你已經知道最大的那個公因數，那再去切割即可。

4 的因數有 1、2、4，也就是 20 和 24 的全部公因數是 1、2、4。

【結論】
公因數們是最大公因數的因數。

36. 公因數與差

找公因數的時候，如果數字是大到短除法都找不太到怎麼辦？

例如：9995424 和 9995432 的公因數有哪些？

對於這種數字比較靠近的時候，其實還有個方法。

而這題答案是：「1、2、4、8」

孩子非常好奇，為什麼如此？大的數字答案怎能這麼快有？

暗示孩子，這個原因和兩數的差距有關！

就以 9995424 和 9995432 為例。

公因數的意思是說：我是否能夠找到一個小長度，能夠同時完整的覆蓋過 9995424 和 9995432 這兩個數棒。公因數是公共的因數，指的是共同的切割。

你先去找一個數棒能完整的覆蓋過 9995424。

嗯，但這很多可能性呀。但，這個數棒，「又要能夠接著蓋滿 9995432」！

但這兩個人才差 8 而已，那這個公因數，頂多就是 8 而已，對不對！

也就是「公因數的候選人」，只有 8，或是 8 的切割而已。

頂多也只是 1、2、4、8，再去作最後的確認。

這題 1、2、4、8 皆可。最差的情況是 2、4、8 都不行，若是如此就互質了。

這是不是快了不少呢？

【結論】
公因數總會躲在兩數差距裡，公因數是兩數差的因數。

37. 反覆相減法

9995424 和 9995432 這兩個數找公因數為例,從相減的答案中,去找最大公因數,確實就比直接短除法來的快些,但是要是兩數差距很大,我們又會立即被大數字給困住,不能用看的就看出答案。例如 847 和 1331,相減是 484,我幾乎不太能像剛才相減是 8 一樣,用看的就看出公因數候選人。

先看這張圖,我以小數字先作例子和孩子討論:我們來找 20 和 28 的最大公因數。

首先,我們已經知道,公因數的候選人是在相減的答案裡。
也就是答案是在 8 裡面。

但我們剛才疑問是,如果答案很大,那怎麼辦?

是的,必須加入其他門檻協助篩選才行。

20 和 28,相差是 8,但並不代表 8 就一定可以當公因數,只能說是有機會,所以我一直都用「公因數候選人」來稱呼它。以這題來說,8 有沒有「當選」,還得等 20 和 28 點頭才行。

進一步說,是得通過 20 和 8 這兩關,若 20 和 8 若都通過,28 就一定可以。

也就是能覆蓋 20 和 8,就能完整覆蓋住 28。畢竟 28 = 20 + 8。

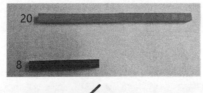

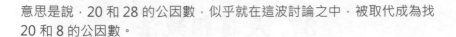

意思是說，20 和 28 的公因數，似乎就在這波討論之中，被取代成為找 20 和 8 的公因數。

此時數字的要求就立刻降低了。

原來是 20 和 28，變成 20 與「兩數的差 8」。

既然 20 和 28 的公因數（20，28）可替換成（20，8），那下一步呢？ 若我們此時運用同理延伸：

（20，28）=（20，8）=（ 留下小的數 ， 算出兩數差 ）

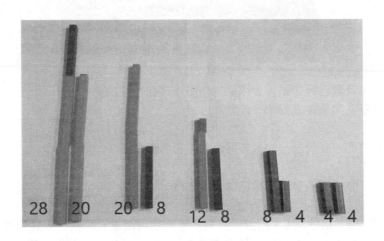

攻下去，

（20，28）=（20，8）=（8，12）=（8，4）=（4，4）

孩子很驚喜，居然變成求 4 和 4 的最大公因數，嗯，非常滿意，答案就 是 4。

再回到剛才問的第二個例子，想求 847 和 1331 的公因數？

先留下小的，再看兩數差：

（847，1331）
=（小的＝847，大-小差數＝484）
=（847，484）
=（484，363）
=（363，121）
=（121，242）
=（121，121）
＝121

孩子表情很開心，用減法就可以找到最大公因數。

【結論】
留下小的，看差距。我暫時取名為反覆相減法。

38. 為什麼相鄰兩數必定互質？

我們從反覆相減法之中發現，兩個數字想要找最大公因數，

可以去找小的和差距。

這就有一件有趣的事情了，如果是兩相鄰數呢？

（99999，99998）
＝（99999，99999－99998）

＝（99998，1）
＝只能是1

【結論】
相鄰兩數必定互質

39. 兩數互為因倍數時，怎麼找最大公因數和最小公倍數？

3 和 60 兩數是因倍數關係，進一步和孩子討論最大公因數？

（3，60）= ?

孩子發現：

3 可以覆蓋 3，只需蓋 1 次；
3 可以覆蓋 60，需蓋 20 次。

所以 3 自己就是公因數，而且必是最大公因數。

而 60 是 60 的 1 倍，60 是 3 的 20 倍，60 就是 3 和 60 的最小公倍數。

符號是這樣用：
最大公因數（3，60）= 3
最小公倍數【3，60】= 60

【結論】
若 A 是 B 的因數，
最大公因數（A，B）= A
最小公倍數【A，B】= B

（小，大）= 小
【小，大】= 大

40. 怎麼找到所有公倍數？

2 和 3 的最小公倍數是幾？

數了幾次發現最小公倍數是 6。最小公倍數符號是這個【2, 3】＝6。

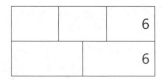

繼續數，很快的就數到第二個公倍數 12。

接著再一次循環 6×3＝18

要找公倍數，先找到最小的那個，剩下的用乘法放大。
6、12、18、24、30、36……

【結論】
公倍數們是最小公倍數的倍數

41. 為什麼互質兩數的最小公倍數 是兩數相乘？

我知道兩個互質的數，最大公因數是 1，可是為什麼最小公倍數，會是兩數相乘呢？

例如：
35 和 12 的最大公因數是 1，
35 和 12 的最小公倍數是 35×12=420

最小公倍數的意思是說，公共的倍數中最小的，所以這個數裡面一定有 35 這個因數，也一定有 12 這個因數，

質因數分解來看
35 = 5×7
12 = 2×2×3

所以這個數字的組成至少有的因數是 5×7×2×2×3，可以再乘多，都叫公倍數，但是若只要過基本門檻的這些人，所組成的基本數，就是最小公倍數了。

我們再看一次它的組成：5×7×2×2×3。

當然，也就是（5×7）×（2×2×3），即 35×12。

這件事在不互質的兩數並不會產生，例如 6 和 8。

要找到一個數，有 6 和 8 這兩個因數，並且最小，就是最小公倍數，

我們看看組成，

$6 = 2 \times 3$
$8 = 2 \times 2 \times 2$

所以要找到最小的公倍數，只需要三個 2，一個 3 就夠用，也就是 $2 \times 2 \times 2 \times 3 = 24$ 就可以，並不是 $6 \times 8 = 48$。

【結論】
若 A、B 互質
（A、B）= 1
【A、B】= A×B

42. 為什麼最大公因數和最小公倍數的積，會等於兩數相乘？

回顧 41 篇說到：如果兩數互質，那最小公倍數必定是這兩數的乘積。

而這樣的情況並不會發生在兩數不互質的情況，

例如：6 和 8 的最小公倍數是 24，並非 6×8＝48

為什麼呢？

6＝2×3
8＝2×2×2

所以要找到最小的，只要 2×2×2×3＝24 就可以，並不是 6×8＝48

這一回合我們想要談的是，如果真的想要用6×8去作修改，也是可以的。

情況是：
6×8＝（2×3）×（2×2×2），
而 6 和 8 的最小公倍數是 2×2×2×3，

我們觀察一下差異，6 和 8 的最小公倍數裡面，2 只需要三個就已經足夠，但如果硬相乘，會乘到 4 次，也就是我們把重疊的那一個除掉即可。

6 和 8 重疊的因數，其實也就是我們稱呼的最大公因數

也就是說：最小公倍數就是把兩數相乘後，再除以最大公因數！

符號上是寫成：

【6‧8】＝6×8÷（6‧8）

或是說：（6‧8）×【6‧8】＝6×8

【結論】
最大公因數和最小公倍數的積，會等於兩數相乘

（A‧B）×【A‧B】＝A×B

43. 怎麼用短除法找到最小公倍數？

20、24 的最小公倍數 = ?

$$
\begin{array}{r}
2\,|\,\underline{24,20} \\
2\,|\,\underline{12,10} \\
6,5
\end{array}
$$

用短除法找最小公倍數，這個方法孩子幾乎知道，但大部分不知道原因。

為什麼要左邊跟下面全部乘起來？

最小公倍數要是 20 的倍數，也是 24 的倍數。
也就是，它們兩個人要找到一個乘法的共識。

20 = 2×2×5
24 = 2×2×2×3

仔細看算式裡面，其實已經有部分是屬於共識了，也就是前面的 2×2
20 =（2×2）×5
24 =（2×2）×2×3

重疊之處，即是我們所說的最大公因數，所以剩下部分，必定已經沒有任何共識了，否則（2×2）也不算最大公因數。而其他部分已經沒有任何 1 以外的公因數了，就是我們所說的互質！

5 和（2×3）互質，而這兩個互質的數，要再尋共識，這根據之前的討論，只能是這兩數相乘了。

也就是除了已經有的共識(最大公因數)外,要再把其他互質的部分給乘起來。

我們看一下結構:

$$\boxed{2}\,\overline{)24,20}$$
$$\boxed{2}\,\overline{)12,10}$$
$$\boxed{6,5}$$

左邊是最大公因數,下面是互質。

而整體的共識,就是(2×2)×(6×5)

這也就是把左邊和底下全部乘起來的意思。

此外,看短除法也看見了,最大公因數住在最小公倍數的乘法裡。這下找最大公因數不強不行,它可是領頭羊。

【結論】
1. 兩個數的最大公因數:左邊全部相乘。
2. 兩個數的最小公倍數:左邊和底下全部相乘。
3. 最大公因數是最小公倍數的因數。

44. 三個數的短除法

兩個數的部分，我們已經知道怎麼樣利用短除法：去找尋最大公因數及最小公倍數。

此時我們要接續討論的話題是，那如果是 3 個數或是更多的數呢？

我們先來舉一個例子，找個適合心算的，例如找 6、8 和 12 的最大公因數，以及最小公倍數，分別是多少？

最大公因數是 2。

再來分別數一下倍數：
6 的倍數：6，12，18，24…
8 的倍數：8，16，24…
12 的倍數：12，24…

以上檢查過了，這三個數的最大公因數是 2，而最小公倍數是 24。

若我們使用短除法算式計算看看：

$$2\,|\underline{6,\ 8,\ 12}$$
$$3,\ 4,\ 6$$

以此算式而言，最大公因數是 2。

但最小公倍數仿照舊法，全部相乘是 2×3×4×6＝144，並非剛才算出來的 24，這代表舊方法，無法繼續使用了。

為什麼會這樣？

我們先談最大公因數。

最大公因數目標是要去找到，數與數之間，有沒有共同因數？而三數 6，8，12，第一層可剝出 2，再觀察剩菜部分，3，4，6 確實除了 1 之外，無路可走。我從這之中可以確定，三個數最大公因數的找法，和兩個數的情況，並無差異，都是要找到同時可以剝洋蔥的那個數。

但短除法去找最小公倍數似乎就有吹噓的狀況了，24 就可以當最小公倍數，但我用短除法，卻會乘到 144，足足已經 6 倍。為什麼會吹牛了 6 倍之多？

我們來抓問題，是哪裡造成了這個錯誤，是否有機會可以修正？

還是來看這個算式：

$$2 \, | \, \underline{6, \ 8, \ 12}$$
$$3, \ 4, \ 6$$

公因數 2 我先不看，我先把題目改成小的三個數：3，4，6 要怎麼找最小公倍數？

之前提及，若兩數最大公因數是 1，它們的最小公倍數會是兩數相乘。

這點已經驗證過，在第 41 篇，但想延伸討論：

「有三個數的最大公因數是 1，那它們的最小公倍數是三數相乘嗎？」

如果答案是正確，那剛才的短除法，全部相乘應該就沒有問題，但卻發現吹牛了 6 倍，所以：它們的最小公倍數不會是三數相乘！

而 3，4，6 要怎麼找最小公倍數？

我仿照兩個數時，先解構它們：
$3 = 3$
$4 = 2 \times 2$
$6 = 2 \times 3$

計程車司機第一趟的客人有 1 位,下車之後第二組上來 2 個客人,結束
接著第三組上來 3 位,再結束又是 4 位,請問需不需要「同時」準備
1+2+3+4 = 10 個位子?

不用。對嗎?

我們想要找共同的倍數中最小,最不吹牛的,也是同樣感覺。

我觀察,最小公倍數只會有 2 和 3 這兩道菜,只是各要點多少次的問題?

以最小公倍數來說,2 只需要準備 2 次,3 只需要準備 1 次,就已經足
夠了,分別都可以作為倍數,並不需要多準備閒置在那裡。

意思是,很多的一人公司,那個員工,既是老闆、也是美編,也是清潔
人員,只需準備一張辦公桌即可。

只需要夠用就好的辦公桌,職稱有幾個不重要,我們接著再看,那短除
法怎麼修正?

這三個數
3 = 3
4 = 2×2
6 = 2×3

我們先研究 2 的部分,4 已經提供出 2×2,也就是可以覆蓋過 6 裡面那
個 2 的需求,我們可以把 6 裡面的 2 作上記號,稍後這個 2 我們在找最
小公倍數時,將會取消它的辦公桌。

3 = 3
4 = 2×2
6 = 2×3

再對 3 的部分繼續作整理，兩個 3 也是共用就好，再註記取消一個 3。

$3 = \mathit{3}$

$4 = \mathit{2} \times 2$

$6 = \mathit{2} \times 3$

所以最小公倍數的結果就好找了，只剩下 $2 \times 2 \times 3 = 12$，的確 12 就已經足夠當 3、4、6 的最小公倍數了。

格式上可以考慮這麼作：

$$
\begin{array}{r|ccc}
 & 3, & 4, & 6 \,|\, 2 \\
\hline
3\,| & 3, & 2, & 3 \\
\hline
 & 1, & 2, & 1 \\
\end{array}
$$

或是

$$
\begin{array}{r|ccc}
2\,| & 3, & 4, & 6 \\
\hline
3\,| & 3, & 2, & 3 \\
\hline
 & 1, & 2, & 1 \\
\end{array}
$$

寫在外面是表示，兩個合一。2 只留下一個，3 也只留下一個了。如同上方註記取消，只剩一個，份量抓到最低。這時再把這些位子乘起來，即乘上左邊及下面，就是最小公倍數了。

也就是 $2 \times 3 \times 1 \times 2 \times 1 = 12$

這樣做可以使得 2 個 3 只留下 1 個 3，剝出了重疊之處，主要是為了作減量，此時才算出真正的辦公桌數量。同理，2 也去作了減量。

這個方法的發明者真的好強，但其實找最小公倍數的格式，並不一定要這樣表達，這種算式或許只是前人想要維持短除法格式的一貫性使用。

但修正的部分確實很不好理解。告訴孩子們，千萬要了解到懂！

這時再完成最一開始的題目：【6，8，12】＝？

$$
\begin{array}{r}
2\,|\,6,\ 8,\ 12 \\[4pt]
3,\ \underline{4,\ 6}\,|\,2 \\[4pt]
3\,|\,\underline{3},\ 2,\ \underline{3} \\[4pt]
1,\ 2,\ 1
\end{array}
$$

或是

$$
\begin{array}{r}
2\,|\,6,\ 8,\ 12 \\[4pt]
2\ \ |\,3,\ 4,\ 6 \\[4pt]
3\ \ |\,3, 2,\ 3 \\[4pt]
1, 2,\ 1
\end{array}
$$

6、8 和 12 的最大公因數是 2，最小公倍數是 2×2×3×1×2×1 = 24

我們看見，三個數用短除法，想尋找最小公倍數時，需先找到三個數的公因數，再分別兩兩抽出公因數，並全部相乘。

最小公倍數，就是一個「要找足夠大家用，但又不要太大的歷程」，這一點，和爸爸媽媽經營家庭，或是和大部分的國家城市發展初期都有相似之處，能省則省，但要夠用，不能省到營養不良。

【結論】

1. 三個數的短除法，尋找最大公因數的方法不變。
2. 最小公倍數，短除法的計算中，三個數的公因數要先找到，分別兩個數的也要接著找，最後再全部乘出來。

45. 輾轉相除法的原理

輾轉相除法是出現在過去的高中課程，目前已經刪去，但由於實用性不低，所以許多父母親、國中、甚至國小老師，都會在課堂上面教授此技巧。

輾轉相除法目標是想找到最大公因數，我們也曾遇過，即使一個熟悉短除法方式的孩子，都有可能因為找不到最大公因數，而使得最小公倍數也找不到。

也就是，這會是一個好工具，但是對孩子來說原理不明。我們來討論有沒有好的解釋方法，目標是讓國小孩子理解。

首先，我們回憶一下之前談過的兩個觀念：

1. 公因數總會躲在兩數差裡（第 36 篇）
2. 找最大公因數可用反覆相減法。(第 37 篇)

舉個例子：

要找 28 和 20 的最大公因數→先找 20 和 8 的最大公因數

當時的結論是：留下小的及差距，反覆的作，就可以一直把數字降低，直到找到為止。

（28，20）
＝（20，8）
＝（8，12）
＝（8，4）
＝（4，4）
＝4

或可以省略到，已經確定兩數是倍數就可以停了，例如
（ 8 · 4 ） = 4

若是較大的數字呢？我們來個瘋狂點的例子。

請問 4107 和 1887 的公因數是多少？這恐怕不是一般短除法可以作到
的！

來試試反覆相減法吧：

（ 4107 · 1887 ）
= （留下小的數，兩數相減）
− （小的數 1887 · 4107−1887 相減）
= （ 1887 · 2220 ）
= （ 1887 · 333 ）
= （ 333 · 1554 ）
= （ 333 · 1221 ）
= （ 333 · 888 ）
= （ 333 · 555 ）
= （ 333 · 222 ）
= （ 222 · 111 ）
= （ 111 · 111 ） = 111

挺好的，這麼麻煩的題目居然有答案了。

並且在這個例子之中，我們也看到了一個可精簡的步驟，就是如果兩數
差距夠多，那可以考慮一口氣多減個幾次。

再一次過程：
（ 4107 · 1887 ）
= （留下小的數，兩數相減）
= （ 1887 · 4107−1887−1887 ）
= （ 1887 · 333 ）

再來：
= (333 · 1887−333−333−333−333−333)
= (333 · 222)
= (222 · 111)
= (111 · 111)
= 111

精簡的寫：
(4107 · 1887)
= (1887 · 333)
= (333 · 222)
= (222 · 111)
= 111

連減的觀念我們提過，其實就是除法！利用除法，就可以知道能連減多少次。

$$1887 {\overline{\smash{\big)}\,}} \begin{array}{r} 2 \\ 4107 \\ 3774 \\ \hline 333 \end{array}$$

現在就是要想如何濃縮反覆相減法和除法算式，成為一個新的算式。而這一點在古代就有數學家使用了，並且曾出現在不同的文明裡。

我們以尊崇的心來回顧吧：

$$\begin{array}{c|c} 4107 & 1887 \end{array} \quad \rightarrow \quad 2\begin{array}{c|c} 4107 & 1887 \\ 3774 & \end{array} \quad \rightarrow \quad 2\begin{array}{c|c} 4107 & 1887 \\ 3774 & \\ \hline 333 & \end{array}$$

```
  |4107|1887              |4107|1887                |4107|1887
2 |3774|1665| 5     →   2 |3774|1665| 5     →    2 |3774|1665| 5
  | 333|                  | 333| 222               | 333| 222
                                                 1 |-222|
                                                   | 111|
```

```
       |4107|1887              |4107|1887
     2 |3774|1665| 5     →   2 |3774|1665| 5
       | 333| 222              | 333| 222
     1 |-222|-222| 2         1 | 222| 222| 2
       | 111|   0             |[111]|  0
```

所以最大公因數就是 111。

至於取名，我們也試著理解看看。反覆相減法→輾轉相除法。除法是連減的加速版，所以相減法更新為相除法。而「輾轉」一詞則有曲折、反覆之意，例如「輾轉」難眠：翻來覆去睡不著覺，這下就好理解很多了。

而輾轉相處法的流程固定，很容易寫成程式，這下，計算問題就全部解開了。

【結論】
1. 遇到較大的兩數，或不易質因數分解的數，我們試著使用輾轉相除法找最大公因數。
2. 輾轉相除法也間接協助了：互質判定，以及公因數、最小公倍數，公倍數的尋找，計算的困局獲得不少的解決。

46. 用正方形想輾轉相除法

我們現在來看一個例子，有個長方形它的長和寬是 28 和 20。

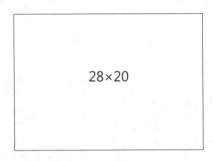

我們試著來做一件事情，如何在這個長方形中，剪出一個最大的正方形？

我們看到是 20×20 的正方形，此外還剩下一個長方形，長是 20 寬 8。

我們對這個剩下的長方形作同一個動作，繼續剪出一個最大的正方形。

如圖中，我們看到這一次剩下的也是一個長方形，長是 12 寬是 8。

再做一次，又剩下一個長 8 寬 4 的長方形

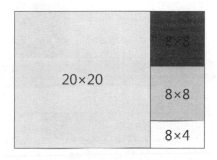

再一次，剩下一個長 4 寬 4 的正方形。

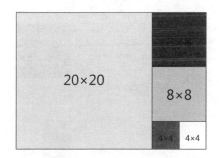

我們可以觀察看看，無論是哪一個長方形，以整數為範圍，只要去執行以上的指令，最後一定會剩下正方形，有的時候運氣很好，會快一點看到，剩下的正方形會比較大些，但即使要很多次，這個正方形至少也還有長 1 寬 1。

無論是快或慢的哪一種情形，都會切割成一堆有大小關係的正方形。

進一步說：若以最後剩下的那個小正方形為基準看，之前切掉的每個形狀都一定會是這個正方形的倍數，也就是說這整張圖都可以用這個剩下的正方形 4×4 來鋪滿。

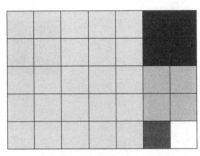

每格皆為 4×4

28×20

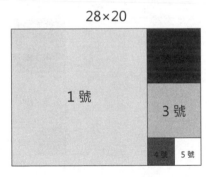

從圖中見到這個5號正方形，拿它可以完整蓋滿所有大大小小的正方形、長方形，也包含最大的 28×20，可以完整覆蓋它的長 28，以及它的寬 20，此時可以說，這個小正方形的邊長，會是最大長方形長 28 和寬 20 的公因數。

若選擇的是最大的小正方形，那麼這個正方形的邊長，也就是 5 號正方形的邊長，還是長 28 和寬 20 的「最大」公因數。

再深入談，長 28 寬 20 可用「幾乘以幾」的正方形完整鋪滿？看圖，想鋪滿長 28 和寬 20，必定要是能先鋪滿右側的 20 和 8。(即 2 ~ 5 號)

為什麼呢？

因為只要覆蓋 20 能成功，那代表 1 號正方形一定可以全部蓋好。

進一步，若想鋪滿 20 和 8，必定要先能鋪滿下方的 8 和 12。(3 ~ 5 號)

同理，也得要鋪滿再下方長 8 和寬 4。(4 ~ 5 號)

最後是要再鋪滿 4 和 4，這時也已出現最大的小正方形了。

而目標的 4 是在討論什麼呢？就是在找最大公因數的方法。

算式上的表現：

(28 · 20)
= (20 · 8)
= (8 · 12)
= (8 · 4)
= (4 · 4)
= 4

而這也成為輾轉相除法的另一個解釋了。想覆蓋大長度可以簡化成覆蓋小長度，這時數字會持續變小，我們就更加容易找到最大公因數了。

另外，如果想要繼續再做切割，當然也可以。只是會挑到更小的正方形，而更小正方形依然能覆蓋原本的長方形，所以會是小一些的公因數。

例如 4×4 裡可以再切成 2×2，或 1×1。

我們看見，這個小的公因數，一定也會鎖在大的正方形裡面，可以看出，小公因數必定會是最大公因數的再切割，驗證了第 35 篇：所有公因數都是最大公因數的因數。

47. 質數

質數與合數，從字面上不太好理解，對於學生而言有些距離，建議先進概念討論，名詞暫用公平數、不公平數切入，比較好理解。

爸爸媽媽帶著一袋 8 顆蘋果回來，想要和鄰居們分享，交代我各挑個幾顆作公平分裝，而蘋果容易黑掉，不切開。也就是不要 1 顆裝 1 包、也不要 8 顆裝 1 包、也不要切開。

這樣分裝還是可以，2 顆一包就好，4 顆一包也行。

8 是一個很容易被分裝的數字。我們暫時就稱呼它是「公平數」。

但若是 7 顆呢，很容易被分得公平嗎？
不行，如果不願意切割，也不要極端的分法，那麼就沒有辦法了。

7 是一個除了極端方法外，不太能再公平分的數字，而因為沒有很好分的方法。我們暫時稱呼它是「不公平數」。

我們來收集五個公平數：8、9、10、12、14

五個不公平數：7、11、13、17、19。

那有沒有誰，是公平數，也是不公平數的？
不可能，因為它們的要求有衝突。

那有沒有不是公平數，也不是不公平數的？

有的。例如：0、1、1.3、$\dfrac{4}{5}$

1.3 和 $\frac{4}{5}$ 很好理解，因為爸爸有說蘋果不要先切，所以他倒是不會給我一個已經切割過的蘋果數字，又叫我去分。

另外是 0 和 1。

我們來試著想想，會不會有這種情況：

有一天爸爸帶著 0 顆蘋果回來，還叫我去分裝，這確實不可能。

1 呢，我們也想像看看：有一天爸爸帶著 1 顆蘋果回來，要我去分裝。

0 和 1 這兩種情況倒不是公平還不公平的問題，是不可能會發生。

我區分一下，爸爸不曾帶著 1 顆蘋果回來，要我去分裝。但有可能帶 7 顆蘋果回來，只是我並沒有什麼好的分裝方法。

所以我整理一下，

1 是不在這個分類範圍，它不是公平數、也不是不公平數。
而 7，在這個分類範圍內，只是它沒什麼好分法，所以稱它是不公平數。
而 8，在這個分類範圍內，且它有好的分法，所以稱它是公平數。

討論到這邊，「不公平數」，或是即將要導入的名詞「質數」，好像被描述成一個比較負面的數字。孩子說，這個質數啊，真的很難搞，不好分、不好切、又孤僻、外加不合群。還是合數好多了。

這個時候我們也可扭轉一下孩子對質數的感受。

在英文裡，對於質數的描述就比較正面，它叫「prime number」，孩子比較知道 number 是數字，我們又拿字典查，prime 是什麼意思呢？

Prime 是「最初的、原始的、基本的」，我立刻追問孩子，為什麼 2、3、5、7、11、13、17、19...，它們是最初的數？

又為什麼 4、6、8、9、10、12、14、15、16、18、20 卻不是原始的數？

慢慢有孩子發現，這些合數，因為都可以再拆，可以使用除法再拆成更小的質數。

但是質數就不同了，在整數的世界中，它們真的都是最根本了。

意思是說，質數是組成其他數字的最小零件，它是數字的根本，數字的核心，數字最初、也最重要的本質。

而合數，是由質數堆積出來的，它們都是合作而成的數字。英文叫作 composite number，也就是組合而成的數字，組合數是徒子徒孫，質數是創始師父，即為數之本質。

【結論】
質數：只有 1 和自己這兩個因數。
合數：有三個以上因數。

48. 找因數（一）

因數要怎麼找？學生說：檢查是否整除即可。

100 有哪些因數呢？我們一個一個找，檢查 1 到 100，這叫列舉法。一個個看，很安全只是比較花時間。

有沒有簡化一些的方法？我們討論看看。

【思考一】

雖然是要　個個列，但其實還是有一些很明顯的不用列出，例如：100 的因數需要檢查 99 嗎？

不用，100 是 99 的「超過 1 倍、但未滿 2 倍」，很明顯 99 不可能是 100 的因數。

也就是說 100 的因數，除了 100 之外，第二大的因數是 50 了

這樣說來：檢查到一半就好。

【思考二】
1 到 100 要檢查到一半，也就是 50，還能再省嗎？

答：只要檢查到 10 就好。

為什麼？

如果只檢查到 10，這不太合理，至少我立刻就想到：50 和 25 是 100 的因數，只檢查到 10，我們這不就明顯錯過 50 和 25 這兩個因數了嗎？

是這樣的，50、25 的確超過 10 了，但是其實我們在 10 以內都已經遇見過 50 和 25 了。

詳細的說，是在剛剛檢查 2 和 4 的時候。

$100 = 2 \times 50$
$100 = 4 \times 25$

難找的因數都是大的數字，在這個方法裡，如果你想要找的是大的數，那它搭配到的伙伴，必定是一個小的數，你要找 50，它的伙伴就是 2、你要找 100，它的伙伴就是 1。

那我們是如何知道檢查到 10 就好了？

因為 $100 = 10 \times 10$

100 若被拆成兩個相同的數相乘，也就是 10×10，除了這組之外，其他的搭配必定是一個小配一個大，一次一組，那大的就不用專程找了，只需要在找小的時候附帶找即可。

所以才有這套方法，100 的因數，真的只需要找到 10 即可。

那再來就只剩一個主題了。

100 要檢查到 10，那 200 要檢查到幾？

$100 = 10 \times 10$
$200 = 誰 \times 誰？$

這個就要估計一下了，大約是 14。

檢查 14 以下，我們列個表：

小	大
1	200
2	100
4	50
5	40
8	25
10	20

所以 200 的因數有 1、2、4、5、8、10、20、25、40、50、100、200。

【結論】

300 要找因數，只需要檢查到 17 即可，17×17＝289 最接近。

49. 找因數（二）

280 的因數有哪些？還有沒有其他方法找？

有時數字較大，會讓學生有些煩躁。期待有補充的方法。

什麼是因數？因數是拆成乘法的基本零件，例如在 6 = 2×3 中，可以看見 6 裡面有因數 2 和 3。<u>乘法只要拆得開，就會有因數</u>。而拆得最乾淨的方法叫質因數分解。

再舉個例：若求 8 的因數呢？

先找 8 的質因數分解，8 = 2×2×2，但這題好像就沒那麼順利，全拆開我也只看到 2 而已，但 8 的因數明顯有 1、2、4、8。怎麼全拆開了反而看不見。所以我需要深入思考，1、4、8 到底去哪裡了？

因數 1、2、4、8	找得到來源嗎？
2 在哪裡？	拆乾淨後，最容易可以找到這種小零件。這種小零件就是質數。也可稱質因數。
8 在哪裡？	8 是自己本身，所以其實我也不會錯過。硬要求寫算式的話，那就是 2×2×2。
4 在哪裡？	4 比較不好找，它不是質數，但它是在 2×2×2 裡面的 2×2。這一部份也是因數。
1 在哪裡？	我知道因數必會有 1，但是質因數分解不會出現 1，因為 1 不是質數。 若想要把 1 放進質因數分解裡，這個分解就不會唯一，一直可以分下去，這將有些麻煩。例如 12 = 1×2×2×3×1×1×1×1×1...

我還是先假裝自己不知道 8 的因數有哪些，先主動抓些零件拼湊看看。

$8 = 2 \times 2 \times 2$

分類拼湊：
1. 質因數：2
2. 合因數：2×2（兩個元素拼成）
          2×2×2（三個元素拼成）
3. 不質不合因數：1
➔ 整理：8 的因數有 1、2、4、8。

再一個例子：100 的因數有哪些？

$100 = 2 \times 2 \times 5 \times 5$

分類拼湊：
1. 質因數：2、5
2. 合因數：2×2、2×5、5×5（兩個元素拼成）
        2×2×5、2×5×5（三個元素拼成）
        2×2×5×5（四個元素拼成）
3. 不質不合因數：1
➔整理：100 的因數有 1、2、4、5、10、20、25、50、100。

而最初的例子：280 的因數有哪些？
$280 = 2 \times 2 \times 2 \times 5 \times 7$

分類拼湊：
1. 質因數：2、5、7
2. 合因數：2×2、2×5、2×7、5×7（兩個元素拼成）
        2×2×2、2×2×5、2×2×7、2×5×7（三個元素拼成）
        2×2×2×5、2×2×2×7、2×2×5×7（四個元素拼成）
        2×2×2×5×7（五個元素拼成）
3. 不質不合因數：1

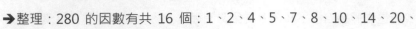

→整理：280 的因數有共 16 個：1、2、4、5、7、8、10、14、20、28、35、40、56、70、140、280。

坦白說，本來要我們直接用心算，確實不好找到 280 的 16 個因數，所以本單元這個分類的方法的確有一些效益在，也降低了一些因計算帶來的煩躁感。這樣處理因數是個不錯的建議。

【結論】
找因數可先作質因數分解法後，找到基本零件，再作相互搭配。

50. 找質數

質數是只有 1 和自己兩個因數的數。我們來試著找看看。

例如 60 是質數嗎？答：不是，除了 1 和 60 外，它還有很多因數。

57 是質數嗎？不確定，得想想。

我知道得先去找 57 的因數再作判斷，但檢查的過程有時很漫長，有一些情況會讓人沒有耐心去找因數，孩子很想知道有沒有一些小方法？

數學上已有質數判定法，本單元是先端出階段性的菜色。等小方法玩好了，再走到高招。老師自己要會每一階，教學時再看學生情況慢慢出菜。

先和孩子談一件事，不會判斷質數會不會怎樣？在數學道路上是否有些影響？

我給孩子的建議是，質數必須要知道基本的，甚至要盡量熟悉，否則很多算式動不了，例如 49 篇想用短除法去找因數，不拆乾淨就真的不行。

但是老師要放慢腳步喔，可不要出太嚇人的題目。

我在很多學校小六的期中考卷看過這一題：「1～100 的質數總和等於幾？」

這是七年級課程範圍，坦白說小六也不是真的不能考，但我只是好奇為什麼這種長題目，全班答對率可以高達 90%，而且是在放在一個 40 分鐘的密集考試裡。

質數是零件的意義，後面使用到的機會實在不少，這更要善待再善待的主題，要謹慎不要把孩子胃口弄壞。要求才剛知道質數的學生，就要全部背起來，還要相加求和，卻只給 3 分鐘作，這一點算是殘忍些了。

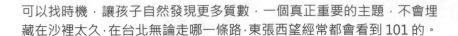

可以找時機，讓孩子自然發現更多質數，一個真正重要的主題，不會埋藏在沙裡太久。在台北無論走哪一條路，東張西望經常都會看到 101 的。

在找尋更多質數的過程中，可把難處和需求攤開給孩子看，雖然先不要他們立刻猛背，但必須要求更加專注投入討論。

以下是我和學生討論過的一些方法。要孩子背，得先帶孩子找，不可把數學課搞成魔術課。

1. 預先利用很多遊戲暖身，複習乘除法，特別這個單元是在六年級上學期的一開始。
2. 課本有教倍數判定法，可一併導入協助。
3. 找 6 的倍數的鄰居。這是個補充方案。

我們先來討論第 3 點。第 2 點後面單元再找機會談。

【小規模的想找質數，先去找 6 的倍數的鄰居】

這是什麼意思？

我們把 1～100，列成表格，為了找 6 的倍數，把表格列成 6 個一排。

第一行	第二行	第三行	第四行	第五行	第六行
1	2	3	4	5	6
7	8	9	10	11	12
13	14	15	16	17	18
19	20	21	22	23	24
25	26	27	28	29	30
31	32	33	34	35	36
37	38	39	40	41	42
以下暫時省略					

請孩子上來黑板刪除，哪些不是質數？

有一個孩子立刻上來擦掉第六行，整行不見。（為何？）
有個孩子接手，擦掉了 1。

接著也有人發現第四行整行擦掉，而第二第三行，除了 2、3 之外，也是
全部劃掉。

（以著色代替擦掉）

第一行	第二行	第三行	第四行	第五行	第六行
1	2	3	4	5	6
7	8	9	10	11	12
13	14	15	16	17	18
19	20	21	22	23	24
25	26	27	28	29	30
31	32	33	34	35	36
37	38	39	40	41	42
43	44	45	46	47	48
49	50	51	52	53	54
55	56	57	58	59	60
61	62	63	64	65	66
67	68	69	70	71	72
73	74	75	76	77	78
79	80	81	82	83	84
85	86	87	88	89	90
91	92	93	94	95	96
97	98	99	100		

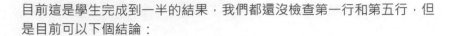

目前這是學生完成到一半的結果，我們都還沒檢查第一行和第五行，但是目前可以下個結論：

質數住在哪裡？
除了 2 和 3 之外，所有的質數都是住在第一大廈以及第五大廈。

我和孩子等一下會去檢查第一行和第五行。

如果這時再看上上個題目，會覺得人性化一些了：「1～100 的質數有哪些？」這個問題可以問了。

因為候選人變得很少，可能的質數是：

2	3
7	5
13	11
19	17
25	23
31	29
37	35
43	41
49	47
55	53
61	59
67	65
73	71
79	77
85	83
91	89
97	95

共有 34 個候選人，預告一下，1～100 的質數有 25 個、合數有 74 個。

剩下的 9 個給孩子刪吧：

2	3
7	5
13	11
19	17
25	23
31	29
37	35
43	41
49	47
55	53
61	59
67	65
73	71
79	77
85	83
91	89
97	95

1～100 質數有：
2、3、5、7、11、13、17、19、23、29、31、37、41、43、47、53、
59、61、67、71、73、79、83、89、97，共 25 個。

【結論】
除了 2 和 3，質數都在 6 的倍數的前或後。
反說並不成立，6 的倍數的前或後並非都是質數，例如 25 = 24+1，但
不是質數。

51. 為什麼「內項乘積＝外項乘積」？

1：2＝3：6，這種式子數學上叫作比例式，其中 2、3 是內側的項目，稱為內項，而 1、6 在外側，稱為外項。國中教了一個新方法，叫：「內項乘積＝外項乘積」可以幫助孩子處理有未知數時的情況。

例如題目是 1：2＝3：$\boxed{X}$。

國小就有這種未知數的問題了，它背後代表的可能是：1 瓶飲料 2 元，請問 3 瓶幾元？或者是 1 和 2 的倍數關係，會同等於 3 和誰？

孩子在國小階段幾乎都是在情境中發現策略：1 變成 3 是三倍，所以 2 也要三倍，所以 X＝2×3＝6，這種方法非常好，意義也明確。

觀念孩子都明白後，國中才接觸新的作法。因為新的作法在國小並不好解釋。這個主題在國小不教沒關係，在這篇中我們只是試著作些思考，「內項乘積＝外項乘積」是否有機會能和國小學生作出「不痛苦的補充」。

背景是：比裡面有未知數，若互換共有四類，我們把它全部列出。
1：2＝3：X
1：2＝Y：6
1：Z＝3：6
T：2＝3：6

而本篇要說明的這個方法叫作「內項乘積＝外項乘積」，
或是叫「內乘內＝外乘外」。

先用多幾個例子，檢查看看。

1：2＝1：2 → 2×1＝1×2，通過。
1：2＝3：6 → 1×6＝2×3，正確。
2：3＝14：21 → 2×21＝3×14，也正確！

真好奇了，這是為什麼？

數學其實沒有所謂哪些是國小範圍，哪些是國中方法，一切都要看孩子情況而定，沒有一定要教速算法，也沒有一定不能教。我們都以數學精神為主，不是算得快就好。不過老師得要求自己，自己會才能教，而且要教就一定要跟孩子討論原理，否則，讓孩子到國中再學就好。

以下的方法是幾位國小六年級學生，在討論過程中自己想的方法，我作個記錄，分享給大家。

【想法一】

$2 : 3 = 14 : 21$

2 比較小、3 比較大，所以小的配大的，才會跟大的配小的一樣，即 $2 \times 21 = 3 \times 14$。

這個方法，不是嚴謹的證明，但我很喜歡孩子的這個解釋，看得見量的多寡，一聽就懂。

【想法二】

$2 \times 21 = 3 \times 14$，算式裡面 2 變成 3 是增為 $\frac{3}{2}$ 倍，而 21 變成 14 是 $\frac{2}{3}$，延續了『想法一』的精神，另一位孩子更具體說出，一個增為 $\frac{3}{2}$，另一個一定要是 $\frac{2}{3}$，才會平衡回來！

【想法三】

原始算式 $2 : 3 = 14 : 21$ 是怎麼出現的？

我們先回國小方法解釋原理，先回顧到 $2 : 3 = 2 \times 7 : 3 \times 7$

這時有孩子出聲了，你看內項乘積是什麼？ $\boxed{2} : 3 = 2 \times 7 : \boxed{3 \times 7}$

內項乘積 $= 2 \times 3 \times 7$
外項乘積 $= 2 \times 3 \times 7$

141

是的，所有的例子都一樣，所有的數都會均分，內項乘積和外項乘積，會有一模一樣的內容。

例如 7：9 = 7×11：9×11，內項乘積和外項乘積，各有哪些項目呢？

分別是 7、9、11。一模一樣。

【結論】

2：3 = 14：X

→2×X = 14×3

所以 X = 14×3÷2 = 21

52. 正方形家族的面積

什麼是面積呢？

意思是形狀有多大。也就是由一些直線或曲線所圍成的封閉區域有多大。

你可以回答：很小、很大、或超大，但日常生活中有必要把它數據化，於是就得要訂立一個參考點：先決定什麼是 1？

你要決定多大塊是 1，這是自由的。

就算這個 1，是不規則形也是自由的！

如果是以正方形當基礎，那非 90 度的形狀、曲線的形狀，都變得不好計算。若以圓形為 1，又變成正方形、多邊形難以計算。

簡單說，誰是 1 都有優缺點，那就隨便吧。人的世界裡最常見的大概就是方形吧，最適合當基礎的，就是小小的正方形吧。

數學上把最小正整數的正方形，也就是長 1 公分寬 1 公分，把它的大小訂作 1，單位上「取名」作平方公分，英文上寫 cm^2。

於是形狀面積這個主題，就變成，請問「這一塊地是幾個小正方形組成」？

有幾個小正方形就叫幾平方公分，數據化之後，無論是買賣或是比大小，都變得更加方便了。

以正方形為主的思維，也就是讓其他形狀要去配合正方形，得利的，會是和正方形家族比較靠近的，有正方形還有長方形。

這個單元我們就來計算這兩個形狀的面積。

看這個長方形，長是 3 公分、寬是 5 公分，請問面積多少？

這太容易了，我可以用數的，用加的、用乘的。

3+3+3+3+3 = 15
5+5+5 = 15
3×5 = 15
5×3 = 15

四個皆可，但最快速的會是乘法。

於是孩子初步也可理解：
「面」「積」這兩字的字面意思是：「面的累積」、「面的乘法」。

而算式部分，完整的寫會是這樣的：

3 平方公分+3 平方公分+3 平方公分+3 平方公分+3 平方公分 =
15 平方公分

5 平方公分+5 平方公分+5 平方公分 = 15 平方公分
3 平方公分×5 倍 = 15 平方公分
5 平方公分×3 倍 = 15 平方公分

以最後一個算式為例，這個 15 平方公分是 5 平方公分拿 3 次來的，我們再看圖。

即 5 平方公分×3 倍＝15 平方公分

古人把它翻譯成了：5 公分×3 公分＝15 平方公分

所以可以說是：長×寬＝面積

雖然看到大部分情況是，這個面積公式孩子輕易就背起來了，但我還是想簡短補充說明一下，關於這個算法。

數學是一種語言，在學習乘法時，我們初步也需要了解它的「文法」。

5×3＝15，真正意思是 5 拿 3 次。

所以其實是沒有「5 公分乘以 3 公分」這種用法，因為總不能解釋成「5 公分拿 3 公分次」，這會變火星文，而且也和面積無關。這是一個觀念過渡後的使用結果。本來是 5 平方公分拿 3 排，但因為 5 平方公分的數字「5」可用「5 公分」取代，拿 3 排可用「3 公分」取代，

於是：長×寬＝矩形面積了。

長方體的體積公式：長×寬×高，也是相同道理，都是作過意義轉移的。

53. 長度、面積單位

建議老師帶孩子慢慢整理規則強的公制長度單位，這是一套經過進化的十進位系統。由長度→面積、表面積→體積、容積、容量，作完整的系統擴張，背誦單位則是理解規則後面的事了。

【長度部分】

單位	公里	公引	公丈	公尺	公寸	公分	公厘
十進位稱呼	千米	百米	十米	米	分米	厘米	毫米
英文簡稱	km	hm	dam	m	dm	cm	mm
左到右由大到小排列，一個間隔為十倍關係。							

中英文來源解釋

縮寫	km	hm	dam	m	dm	cm	mm
完整單字	Kilometer	hectometer	dekameter	meter	decimeter	centimeter	millimeter
英文詞頭	Kilo (k)	Hect (h)	Deka (da)		Deci (d)	Centi (c)	Milli (m)
意義	千	百	十		十分之一	百分之一	千分之一
對照中文詞頭	千	百	十		分	厘	毫

公制的長度單位是以公尺為基準，而將它的發音 meter 記為「米」，這裡的米和吃飯的米完全無關。

除了上方表格之外，仍有更多的單位，例如：

微米，是百萬分之一公尺，是把一公尺切成 100 萬份。
奈米、或稱納米，是十億分之一公尺，是把一公尺切成 10 億份。

【面積部分】

單位	平方公里	平方公引	平方公丈	平方公尺	平方公寸	平方公分	平方公厘
英文簡稱	km^2	hm^2	dam^2	m^2	dm^2	cm^2	mm^2
中文別稱		公頃	公畝				
英文別稱		ha	a				
左到右由大到小排列，一個間隔為 100 倍關係。							

邊長放大 10 倍，面積怎麼變？

我們思考一下，面積都是以正方形為基準，邊長若變為 10 倍，正方形面積是不是就變成 100 倍了！

最後補充在台灣常用的一些單位。

1 坪≒3.3 平方公尺
1 甲 = 10 分≒0.9699 公頃 = 9699 平方公尺。
坪是來自於日本，甲來自於荷蘭，這都和台灣的政治歷史發展有關。

【結論】
長度單位互換：大單位換小單位→×10，小單位換大單位→÷10
面積單位互換：大單位換小單位→×100，小單位換大單位→÷100

54. 表面積與體積

表面積是，某一個形體，它表面一共可以貼多少張貼紙？
體積是，某一個形體它一共是幾個磚塊堆成的？

所以，這是不同的兩個主題，研究的項目不同。

例子：請準備兩個形體其中一個形體體積大但是表面積小，另外一個是形體的體積小但是表面積大。我們先從正、長方體中找找。

例如：

編號	長寬高 cm	體積 cm^3	表面積 cm^2
1	2×2×1	4	16
2	2×2×2	8	24
3	1×1×4	4	18
4	1×1×6	6	26

觀察到：

1 和 3，有相同的體積，但是有不同的表面積。
2 和 4，體積大的表面積小，體積小的表面積大。

為什麼會有這樣的現象？

形體較集中的，有比較多的面躲藏在身體裡，形體較鬆散或長條，較多被翻到表面來，自然增加了表面積。

積木 2 和 4 同樣道理。

再來個生活化的例子,孩子更容易消化。

有個人體格壯碩,從小被叫肉圓,每到海邊玩,都塗了不少防曬乳,但他的使用量可能都還少於另一位好朋友, 他的綽號叫「竹竿」。

以這兩人的例子來說:

體積:肉圓 > 竹竿。
表面積:肉圓 < 竹竿。

55. 三個律

學生在國小累積了一些數的運算經驗，並且進一步要為了代數教學作銜接，便會有關於三個律的教學。而這三個律的使用時機在於 1.部分計算方便。2.能列出變型但仍舊相等的四則運算算式，這將有助於代數開展。

這個「律」字有「規律」或「法律」的意思，起初是從計算的經驗中發掘規律，再找到了解釋，自然就成了規定和法律。

我們來看看有哪些規律？及它們的意義。
1. 交換律
2. 結合律
3. 分配律

【交換律】
意義：即使交換位置，依然會保持相同答案的算式。

有哪些呢？

有加法和乘法，減法和除法沒有。

例如：
$$8 + 2 = 2 + 8$$
$$8 \times 2 = 2 \times 8$$
$$8 - 2 \neq 2 - 8$$
$$8 \div 2 \neq 2 \div 8$$

所以加法和乘法有交換律。

【結合律】

意義：即使改變結合方式，依然會保持相同答案的算式。

結合是什麼？指的是「括號」。

那麼改變括號仍舊不變有哪些呢？

一樣是加法、乘法。減法和除法也是沒有。

$8 + 4 + 2 = (8 + 4) + 2 = 8 + (4 + 2)$
$8 \times 4 \times 2 = (8 \times 4) \times 2 = 8 \times (4 \times 2)$

$8 - 4 - 2 = (8 - 4) - 2 \neq 8 - (4 - 2)$
$8 \div 4 \div 2 = (8 \div 4) \div 2 \neq 8 \div (4 \div 2)$

交換律是只要兩個數，就可以開始談交換位置的問題，但這一題講的是安排括號，這要在三個數以上才會有討論的需要。

我們觀察到，只有加法、乘法，可以自由選擇要括號不括號都可以，括號括在前面、括在後面都可以。而減法、除法都會有部分的失誤。

於是一樣只有加法、乘法有結合律。

【分配律】

意義：某一種續寫等式的過程中，有看見「分配」這個步驟。

$8 \times (4 + 2) = 8 \times 4 + 8 \times 2$
$8 \times (4 - 2) = 8 \times 4 - 8 \times 2$

有沒有看見，8 像是一個宅配車，先配送到 4，再配到 2。

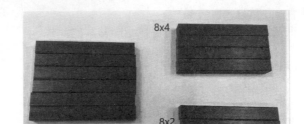

當然寫以下這樣也可以：

$(4 + 2) \times 5 = 4 \times 5 + 2 \times 5$

$(4 - 2) \times 5 = 4 \times 5 - 2 \times 5$

具體物解釋：

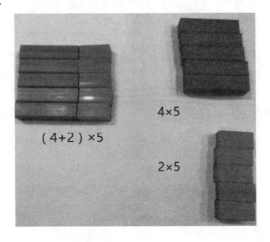

56. 負數加法

如果這是一本古代雜貨店的帳本，我們來試試讀得懂嗎？

日期	內容	金額	今日結帳
1/1	售出烏龍茶	20 元	
	售出花生	10 元	
	售出餅乾	15 元	45 元
1/2	售出水果一份	20 元	
	繳交店租	20 元	0 元
1/3	繳交上月貨款	60 元	
	售出果汁	22 元	
	售出包子	18 元	
	售出麵條	15 元	5 元
1/4			
1/5			

我們讀出，這位雜貨店老闆把收入和支出寫在一起，所以將顏色作了區隔，把支出加上黑底作記錄。

在教學的時候我建議可多使用具體物，若教具盒有現成的教具熊，可用一隻黑熊表示收入1，一隻紅熊表示支出1。並把上面的帳單作逐題示範。多帶孩子用具體物思考，將會更容易渡過抽象之河。

把收入用黑色的熊替代，支出用紅色的熊替代，若有 1 黑 1 紅則將抵銷。

例如 5+3=2

總結起來有多少熊？
抵銷 3 對之後，黑色還有 2 隻。

我們仔細看一下老闆的帳。

第一天：20 +10+15。剩餘現金 45 元。
第二天：20 +20。抵銷。
第三天：60 +22+18+15。負債 5 元。

第一天情況和一般加法是一樣的，全是黑熊。

第二天是賺 20 交 20 出去，結果很明顯，帶孩子看教具，20 隻黑熊、20 隻紅熊，會全部抵銷。

第三天，負債 60，只賺 55 元，還不夠 5 元。60 紅 55 黑，結果會剩下 5 隻紅熊。

只是也聯想到了幾個問題：

1. 這樣的加法，數字大的時候好加嗎？
2. 加個底色似乎有點麻煩，有別的方法嗎？

來試試看放大的數字：100+200+300+400+500+600+700 = ？

加總一下，黑熊共：1600 隻，紅熊：1200 隻。黑熊多，還是紅熊多？
答：黑熊多。

抵銷情況如何？會剩下黑色的熊。
1200 隻黑熊，先和 1200 隻紅熊抵銷，答案還會剩下 400 隻黑熊。

100+200+300+400+500+600+700 = 400

所以問題一，數字放大也不太困難，抵銷情況不會看不出來。

問題二呢？關於加底色、或換顏色。

前人很智慧想到一些處理的辦法，用來解決換顏色的困擾，不同文明都有一些思考經歷，例如把黑底色的字，改用框框作出差異性。

再來同一個例子：

日期	內容	金額	教具展示	今日結帳
1/1	售出烏龍茶	20 元	20 黑	45 元
	售出花生	10 元	10 黑	
	售出餅乾	15 元	15 黑	
1/2	售出水果一份	20 元	20 黑	0 元
	繳交店租	20 元	20 紅	
1/3	繳交上月貨款	60 元	60 紅	5 元
	售出果汁	22 元	22 黑	
	售出包子	18 元	18 黑	
	售出麵條	15 元	15 黑	

框起來還是有點麻煩，或是有人是使用線段作區隔。

日期	內容	金額	今日結帳
1/2	售出水果一份	20 元	
	繳交店租	20元	0 元
1/3	繳交上月貨款	60元	
	售出果汁	22 元	
	售出包子	18 元	
	售出麵條	15 元	5元

或是另一種線段：

日期	內容	金額	今日結帳
1/2	售出水果一份	20 元	
	繳交店租	−20 元	0 元
1/3	繳交上月貨款	−60 元	
	售出果汁	22 元	
	售出包子	18 元	
	售出麵條	15 元	−5 元

以上就可以一種顏色使用到底了。

不過每個符號在使用上都有自己的特色、和優缺點，例如這個符號和減法就實在太像了，學生容易有學習上的誤會，例如：

1/2 結帳是 0 元，算式會變成：20 + −20 = 0

這個+ −，到底是什麼呢？容易被誤會喔，加減正負區隔一下吧。

所以又在寫法上作了一次微調，修改成：20+（−20）= 0

括號一般在使用上是作先後順序的導引，而在這裡是避開衝突使用，讓閱讀者可以一看能辨別，到底是正號還是加號，減號還是負號。

我們來設想可能會有一種算式長這樣：2 + −2 − +2 + +2 − −2 =?

避開衝突後將成為 2+（−2）−（+2）+（+2）−（−2），我們雖然尚未談到減法，答案不太確定怎麼算，但是我們大概就不會看錯了。

而念法上，也區隔開來了，這個算式唸作是：

（2）加（負2）減（正2）加（正2）減（負2）。

再練習這個舊題目：

$100+（-200）+300+（-400）+500+（-600）+700=400$

我們剛才以教具思考，很容易，再溝通一下符號寫法，正負數加法這個主題就不是大問題了。

【結論】

負數的使用，讓數的範圍擴大了。正逆向的描述也方便自由的多，對代數的使用也有幫助。

57. 負數減法（一）

大部分的國一學生遇到負數這個主題的時候，會過度的陷在計算裡面，其實背口訣並不是最優先的，重要的是意義。如果可以的話，我們當數學老師的，都要「非常用力的」的導正孩子學習的觀念。

我的建議是，我們出題目不一定要考得很難，倒是可以出一些觀念題，在每一次的期中、期末考裡。

例如去請孩子作答：「為什麼：1-（-1）=2，請試著清楚解釋。」

好期待高中會考的非選擇題裡能有類似這題。

如果一個陌生的學生，能快速計算 100 題正負數加減計算題，又順又正確，其實我都不是真的很確定他的程度到底在哪裡。除非先問觀念。

而究竟為什麼：1-（-1）=2？請孩子解釋看看。

我曾經有個機會，突襲考過這題，我給各位看我遇到了兩個印象深刻的答案：

1. 是班上一大群績優生的答案，他們答：「因為負負得正！」
2. 班上一位中等資質，而成績中下的學生：他回答：「免去欠的債，會變有錢」。

我為這兩個答案沈思了許久許久。

我在第一份考卷上寫：

孩子，你其實沒有作解釋，而且這「真的」不叫「負負得正」，這是「減負得加」。還有，負負得正後面，也「真的」不需要加驚嘆號。

我在第二份考卷上寫：

言簡意賅，孩子你對老師的教學極有啟發，請收下本題滿分。老師十分謝謝你。

數學教學，能有讓老師感動的時刻，我們都要不停去鼓勵孩子，以純粹的心面對數學，放下身段好好學習，真的不用多久，我們都能聞到一陣芬芳。

考試引導教學沒關係，我們就多考觀念、追問關鍵性問題。不是我們不重視計算，是太多人不願先重視觀念。

「免去欠的債，就變有錢」，我們來整理一下，就由這位學生的觀念作開端，作一整套的討論。

我們從量的多少切入。

（+4）+（+2）＝我本來就有錢，今天還撿到錢。
（+4）+（−2）＝口袋有錢，收到手機帳單。
（−4）+（+2）＝欠了 4 個月房租，今天撿到錢。
（−4）+（−2）＝欠了 4 個月房租，又收到手機帳單。

（+4）−（+2）＝口袋有錢，我不小心掉了一些不見了。
（+4）−（−2）＝有錢，電信公司又通知中獎，直接免繳本期手機費。
（−4）−（+2）＝欠了 4 個月房租，又弄丟公司寄放的錢，要賠。
（−4）−（−2）＝欠了 4 個月房租，房束說租了這麼久，給優惠免收其中的兩個月。

試著討論出他們的總資產：

a. （+4）+（+2）= +6
b. （+4）+（−2）= +2
c. （−4）+（+2）= −2
d. （−4）+（−2）= −6
e. （+4）−（+2）= +2
f. （+4）−（−2）= +6
g. （−4）−（+2）= −6
h. （−4）−（−2）= −2

確認了以上這些情況之後，我們似乎都可以找到所有正負數加減法的答案了，並明白其中的道理。

【結論】
正負數加減法，答案確實可由量的多寡去作了解，能夠完全使用推理，而不用僅僅只依賴背誦。

58. 負數減法（二）

我們在上個單元使用「量的多寡」作了一些討論，我和學生們都得到了一種因為明白而得的快樂，這個正負數的主題，看到過去多數學生都很辛苦，我們還想把觀念再挖深一些，希望找到多幾種解釋的方法。

以下是陸續討論過的一些課堂紀錄，為了稱呼方便，孩子自己取了一些代稱，供大家參考。

1. 我愛加法
2. 教具法
3. 數線移動法
4. 整理口訣

1.【我愛加法】

我們看一下上個單元的紀錄：

a. $(+4)+(+2)=+6$
b. $(+4)+(-2)=+2$
c. $(-4)+(+2)=-2$
d. $(-4)+(-2)=-6$
e. $(+4)-(+2)=+2$
f. $(+4)-(-2)=+6$
g. $(-4)-(+2)=-6$
h. $(-4)-(-2)=-2$

有多位孩子同時發現了一件事：
b 和 e 一樣。
d 和 g 一樣。
a 和 f 一樣。
c 和 h 一樣。

討論看看，從情境和答案上作點理解，為何 b 和 e 一樣？d 和 g 一樣？a 和 f 一樣？c 和 h 一樣？

b 是（+4）+（−2）＝口袋有錢，收到手機帳單，e 是（+4）−（+2）＝口袋有錢，我不小心掉了一些錢不見了。兩者過程不同，結果相同。

d 是（−4）+（−2）＝欠了 4 個月房租，又再收到手機帳單，g 是（−4）−（+2）＝欠了 4 個月房租，又弄丟公司寄放的錢，要賠。兩者過程不同，結果相同。

a 是（+4）+（+2）＝我本來就有錢，今天還撿到錢，f 是（+4）−（−2）＝口袋有錢，居然收到電信公司說通知中獎，免繳本期手機費。兩者過程不同，結果相同。

c 是（−4）+（+2）＝欠了 4 個月房租，今天撿到錢，h 是（−4）−（−2）＝欠了 4 個月房租，房東說租了這麼久，優惠免收兩個月吧。兩者過程不同，結果相同。

孩子先是發現答案一樣，後來再察覺這些內容，連情境上都幾乎可以作替代。

例如 b 和 e 為何一樣？因為收到帳單人會變窮，這和掉錢是一樣的。a 和 f 又為何一樣？因為突然知道減免負債，這和撿到錢一樣，人都是幸運極了。

這時一邊把發現都記錄在旁邊，先觀念、後整理、作內化，再談口訣，這就人性化多了。

b 和 e 的啟示：加上負數＝減去正數＝減法
a 和 f 的啟示：減去負數＝加上正數＝加法

我也很喜歡一位孩子接續的發現，他覺得大部分人，在消化正負數加法都沒多大問題，而會是困在減法。這點我也認同。

那上面那個啟示正好讓我們能閃避減法，例如：

（7）+（+6）+（−5）−（+4）−（−3）= ？

我硬是改成了（7）+（+6）+（−5）+（−4）+（+3）= ？

而加法就是，把黑熊、紅熊全部丟進去煮人鍋菜，就十分好想了，這是在第 56 篇。而這題答案是 7。

→結論：用加法來避開減法。我愛加法。

2.【教具法】

我們加法會強，有一部分和足夠的具體化有關，加法很能用熊想，那減法可以嗎？

很喜歡讓孩子看到有意義的困難，並且想去討論解決，老師只作一件事：「穿針引線」。

先把算式全部展現出來，問孩子看看，裡面有哪幾題，你能用熊思考？

a. （+4）+（+2）=
b. （+4）+（−2）=
c. （−4）+（+2）=
d. （−4）+（−2）=
e. （+4）−（+2）=
f. （+4）−（−2）=
g. （−4）−（+2）=
h. （−4）−（−2）=
i. （+2）−（+4）=
j. （+2）−（−4）=
k. （−2）−（+4）=
l. （−2）−（−4）=

前四題討論過熊的方法了。我們先回憶一下。

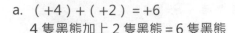

a. （+4）+（+2）=+6
   4 隻黑熊加上 2 隻黑熊 = 6 隻黑熊

b. （+4）+（−2）=+2
   4 隻黑熊加上 2 隻紅熊 = 2 隻黑熊 →因為 1 紅 1 黑會抵銷。

c. （−4）+（+2）=−2
   4 隻紅熊加上 2 隻黑熊 = 2 隻紅熊

d. （−4）+（−2）=−6
   4 隻紅熊加上 2 隻紅熊 = 6 隻紅熊

減法呢？一下沒算出答案沒關係，先佈一下思考情境。首先，減法是什麼？

孩子說減法想到兩個意思。

情況甲：撤掉問剩下。
情況乙：有大有小問差距。

我們來套入情境：

e. （+4）−（+2）=+2
   甲：我有 4 隻黑熊，撤掉 2 隻黑熊，請問桌上剩下什麼？
   乙：4 隻黑熊比 2 隻黑熊，多多少價值？

f. （+4）−（−2）=+6
   甲：我有 4 隻黑熊，撤掉 2 隻紅熊，請問桌上剩下什麼？
   乙：4 隻黑熊比 2 隻紅熊，多多少價值？

g. （−4）−（+2）=−6
   甲：我有 4 隻紅熊，撤掉 2 隻黑熊，請問桌上剩下什麼？
   乙：4 隻紅熊比 2 隻黑熊，多多少價值？

h. （−4）−（−2）=−2
   甲：我有 4 隻紅熊，撤掉 2 隻紅熊，請問桌上剩下什麼？
   乙：4 隻紅熊比 2 隻紅熊，多多少價值？

i.　（+2）－（+4）=
　　甲：我有 2 隻黑熊，撤掉 4 隻黑熊，請問桌上剩下什麼？
　　乙：2 隻黑熊比 4 隻黑熊，多多少價值？

j.　（+2）－（−4）=
　　甲：我有 2 隻黑熊，撤掉 4 隻紅熊，請問桌上剩卜什麼？
　　乙：2 隻黑熊比 4 隻紅熊，多多少價值？

k.　（−2）－（+4）=
　　甲：我有 2 隻紅熊，撤掉 4 隻黑熊，請問桌上剩下什麼？
　　乙：2 隻紅熊比 4 隻黑熊，多多少價值？

l.　（−2）－（−4）=
　　甲：我有 2 隻紅熊，撤掉 4 隻紅熊，請問桌上剩下什麼？
　　乙：2 隻紅熊比 4 隻紅熊，多多少價值？

看到這裡，枝節雖多但不用著急，這個方法很好玩，很推薦給老師、父母親們，多和孩子討論看看。這值得專程預備時間，慢慢進行討論。

我們挑些「最莫名其妙」的例子來想，找找看有沒有什麼好的解釋？

先從甲系列開始。

例如 h 的甲：我有 4 隻紅熊，撤掉 2 隻紅熊，請問桌上剩下什麼？
這簡單，4 隻紅，撤掉 2 隻紅，桌上剩下 2 紅。
即（−4）－（−2）=−2

再來是 i 的甲：
我有 2 隻黑熊，撤掉 4 隻黑熊，請問桌上剩下什麼？

這不夠減，最多也只能撤掉 2 隻黑熊就已經清空了。而題目也因此轉化為：桌上沒有東西，還要撤掉 2 隻黑熊，請問剩下什麼？

這就真的很怪了。

桌上沒有東西，如何還能撤掉兩隻黑熊？

這就是零怎麼表達的問題了，可不可以桌上有熊，但是答案是 0？

想一想？

可以的，我們看過 56 篇那本帳本就有印象了，那位老闆作了一天生意，最後口袋卻沒有錢。因為他同時收到了錢和帳單，就導致全部抵銷。

用教具講就是，1 隻黑熊若配 1 隻紅熊，或是 2 隻黑熊配 2 隻紅熊，都會抵銷一空。所以零其實有多種排法。

回到這題：桌上沒有東西，還要撤掉 2 隻黑熊，請問桌上剩下什麼？

我們若把「沒有」表達成 2 黑 2 紅，再撤掉 2 隻黑熊，請問桌上剩下什麼？

黑黑紅紅−黑黑＝紅紅

答案就是 2 隻紅熊。

可以找答案了，（＋2）−（＋4）＝2 隻紅熊＝−2

再來一題，是 f 的甲：我有 4 隻黑熊，撤掉 2 隻紅熊，請問桌上剩下什麼？

這題本來也複雜，4 隻黑熊，怎麼可能撤掉 2 隻紅熊？桌上沒有紅熊，卻要求撤紅熊？

這又是一個無中要生有的情況。為了要製造被撤掉的 2 隻紅熊，我們又必須先自製 2 黑 2 紅，也就是，現在一共有 6 黑 2 紅，再撤去 2 紅，結果就是 6 黑了。

黑黑黑黑黑黑紅紅−紅紅＝黑黑黑黑黑黑

算式是（+4）－（－2）＝+6

這個甲的方法，我們已經討論三個代表性的，剩下的就可以比照辦理了。

由這些討論中我們發現到，為了要撤掉紅色，而得先去創造了紅色和黑色的抵銷組合，撤掉紅色之後，剩下的也就是黑色了。

意思是說 撤掉紅色，如同就是加入黑色 →減負＝加正。

或是要撤掉黑色，而得先去創造了紅色和黑色的抵銷組合，撤掉黑色之後，剩下的也就是紅色了。

意思是說 撤掉黑色，如同就是加入紅色 →減正＝加負。

這都和我們上一個討論的結論一模一樣；
減掉負數就是加上正數，例如 5－（－2）＝5+2。
減掉正數就是加上負數，例如 5－（+2）＝5+（－2）。

再來是乙，我們也來討論一個難的

例如 j 的乙：（+2）－（－4）＝？
2 隻黑熊比 4 隻紅熊，多多少價值？

這用數線想就可以了，很明顯大了六格。（+2）－（－4）＝6

-4 -3 -2 -1 0 1 2 3 4

再來一題 k 的乙：（－2）－（+4）＝？

2 隻紅熊比 4 隻黑熊，多多少價值？

2 隻紅熊應該是問少多少才對，若要說是多多少，就肯定說反了，除非大家能接受變少就是「多了負數」。

好吧，那一樣用數線看，差六格，所以（－2）－（+4）＝少了 6 ＝多了 －6。

用數線想加減法很方便，我們試著再多討論一下數線。

3.【數線移動法】

數線上作移動，和數字作增減，都是多一格少一格的動作，意義很像，我們帶孩子試著進行一點聯想。

假如右邊為大，加一視為向右邊走一格，加一就會是向右邊走一格，我們把題目列出來，試著用移動來表達加減。

a.　（+4）+（+2）＝？
　　我現在在 4 的位置，向右轉，順走 2，會到哪裡去？

　　數線很好思考，終點會是 6。

b.　（+4）+（－2）＝我現在在 4 的位置，向右轉，倒退走 2，會到哪裡去？

　　向右但是倒退走，所以意思其實是向左，答案是 2。

c. $(-4) + (+2) =$ 我現在在−4 的位置，向右轉， 順走 2，會到哪裡？

d. $(-4) + (-2) =$ 我現在在−4 的位置，向右轉，倒退走 2，會到哪裡？

e. $(+4) - (+2) =$ 我現在在 4 的位置，向左轉， 順走 2，會到哪裡？

f. $(+4) - (-2) =$ 我現在在 4 的位置，向左轉， 倒退走 2，會到哪裡？

g. $(-4) - (+2) =$ 我現在在−4 的位置，向左轉， 順走 2，會到哪裡？

h. $(-4) - (-2) =$ 我現在在−4 的位置，向左轉， 倒退走 2，會到哪裡？

i. $(+2) - (-4) =$ 我現在在 2 的位置，向左轉， 順走 4， 會到哪裡？

j. $(+2) - (-4) =$ 我現在在 2 的位置，向左轉，倒退走 4，會到哪裡？

k. $(-2) - (+4) =$ 我現在在−2 的位置，向左轉， 順走 4，會到哪裡？

l. $(-2) - (-4) =$ 我現在在−2 的位置，向左轉， 倒退走 4，會到哪裡？

整理一下上面的例子：

向右邊順走，就是加法。
向右邊倒退走就是向左走，也就是減法。

向左邊順走，就是減法。
向左邊倒退走就是向右走，也就是加法。

例如：5+（+1）−（+2）+（−3）−（−4）= ？

用數線移動想，將被簡化為：

我現在人在 5→向右走 1→向左走 2→向左走 3→向右走 4，終點會是 5。

只要把圖畫出來，或在腦袋裡走路，每一題都可以走得到。

【結論】
正負數加減，可有很多種方法解釋，要求自己：即使要背口訣，都先釐清好觀念了再背。

整理口訣：

＋＋＝＋：加正為加
－－＝＋：減負為加
＋－＝－：加負為減
－＋＝－：減正為減

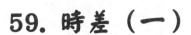

59. 時差（一）

地球由西向東自轉著，每一個地方見到太陽經過最高點的時候都不同，因而產生的落差稱為時差，任何兩個在不同經度的人，即使鄰居住在隔壁，以太陽光照射來說，其實都有時差。

我們準備一張世界地圖，討論看看前人是怎麼開會約定的。
（圖片出處：wikipedia）

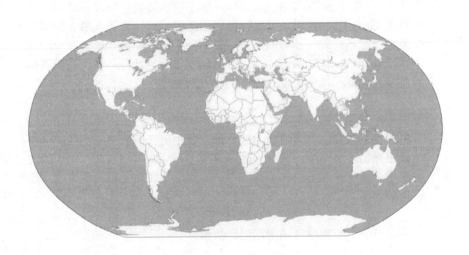

時區是以英國格林威治為起點，記為零，經度每 15 度為一個時區，共可分割出一天 24 小時，以台灣來說是東經 120 度左右，120÷15＝8，也就是會在東八區，台灣的時區比 0 度時區快 8 個小時，記錄為 GMT+8，或 UTC+8。

歷史的發展，以及政治、經濟局勢的演變，雖然大部分國家照著這個規則走，但是仍有一些例外，以及修改。例如過去的中國大陸曾經使用多時區制，而今日使用單一北京時刻；而過去的台灣，也曾因為日本統治的關係，和日本相同使用 GMT+9，甚至當時都還有日光節約時間。

再作些說明：

1. 多時區（例美國）單時區（例中國）的差異？

   多時區的政令傳達、或是交通工具時刻溝通會較為不便，而單時區也有缺點，有可能天都還沒亮，當地才凌晨 3：00 的狀態，但手錶已經早上 8：00，這時環境、天候並不符合當地人。

2. 為何有日光節約時間？

   夏天前後，某些地區開始改過東邊一個小時的時區，例如 GMT+2 改成使用 GMT+3，在夏季這是有節約能源的好處。夏天太陽光較早，早些出門並不危險，反而較涼快，提早一小時的作息，是想充分的利用太陽光這個免費的資源。不過每個國家的規定並不一致，各個區域有各自的考量和評估，產生修改的情況非常多。

   歷史上也曾發生過一趣事，一對雙胞胎的媽媽於 11/6 的凌晨 1：39 分生下第一位孩子，緊接著 31 分鐘，要生第二個孩子，但此時，跨越過日光節約時間的結束線，時鐘要撥慢一小時，導致，晚出生的這位孩子，出生證明上的時刻是 1：10，居然早於第一位孩子。這下哥哥弟弟分不清了。

   各國在歷史上都有這樣適應不良的故事。

3. 有沒有比較特別的國家時區？

   時區是屬於各國主權，更迭變化情況向來不少，例如太平洋島國薩摩亞，地理位置固定，但因為本來多是和美國作貿易，後來逐漸變成經濟依賴紐澳，而因此改變時區，不只是改幾個小時，甚至是變動日期了，改成和紐澳同一日，這才會方便作生意，這就是個例子。

   如果不改會如何？兩個地方的週六週日不同天，但只要有一邊在放假，打電話就沒人接，那一個禮拜還剩幾天生意可作？差幾小時沒關係，差上一天就真的有些困擾，特別是在貿易需求頻繁的區域。

我們比較熟悉的是時區是：

倫敦：UTC+0

巴黎：UTC+1

紐約：UTC–5

舊金山：UTC–8

台灣、香港、新加坡：UTC+8

日本、南韓：UTC+9

泰國、越南：UTC+7

另外還有一些地方有著較特別的時區，例如：

緬甸：UTC+6.5

澳洲中部：UTC+9.5

北韓：UTC+8.5

尼泊爾：UTC+5.75

這一套時差計算方法是由數字加減作設計的，我們帶孩子也來作跨國貿易，模擬一下。

假設現在台灣是 2020 年，2 月 28 日，晚上 11：55。請問？

位置	時區	時刻
台北	UTC+8	2020 年，2 月 28 日，11：55pm
北京	UTC+8	？
倫敦	UTC+0	？
巴黎	UTC+1	？
紐約	UTC–5	？
舊金山	UTC–8	？
日本	UTC+9	？
緬甸	UTC+6.5	？
北韓	UTC+8.5	？
尼泊爾	UTC+5.75	？

答案：

位置	時區	時刻
台北	UTC+8	2020 年‧2 月 28 日‧11：55pm
北京	UTC+8	2020 年‧2 月 28 日‧11：55 pm
倫敦	UTC+0	2020 年‧2 月 28 日‧3：55 pm
巴黎	UTC+1	2020 年‧2 月 28 日‧4：55 pm
紐約	UTC−5	2020 年‧2 月 28 日‧10：55 am
舊金山	UTC−8	2020 年‧2 月 28 日‧7：55 am
日本	UTC+9	2020 年‧2 月 29 日‧0：55am
緬甸	UTC+6.5	2020 年‧2 月 28 日‧10：25 pm
北韓	UTC+8.5	2020 年‧2 月 29 日‧0：25am
尼泊爾	UTC+5.75	2020 年‧2 月 28 日‧9：40 pm

【結論】
1. 全球化的今日，時差的計算經常使用。在課堂上玩這個主題很有趣，
   孩子也會喜歡，很推薦老師和父母跟孩子討論。
2. 最新消息，北韓宣布未來又要改時區了，我們看這則新聞。

引用自由時報‧2018-04-29
〔即時新聞／綜合報導〕北韓領導人金正恩 27 日與南韓總統文在寅會談，
隨後簽署「板門店宣言」，不僅宣布將結束韓戰並朝著南北韓無核化邁
進，還就時區問題達成共識，南北韓時區將率先統一，不再有時差。

據《韓聯社》報導，南韓總統府青瓦台今（29 日）表示，北韓方面願意
在 5 月關閉核試場，並同意邀請外國專家及媒體到場見證，金正恩還說
外界盛傳核試場已崩塌，但到場後就會發現核試場的狀況良好，除了關
閉核試場，金正恩也稱北韓將恢復使用首爾時間作為標準時間。（首爾
時間快台灣時間 1 小時）

60. 時差（二）

時差的使用也經常用在出國旅行出差，加入了飛行這個元素，時差這個主題就變得更加豐富。

因為除了時差狀況之外，我們也發現某些國家去程和回程的飛行時間不同，但這個可和時差無關，這是因為高空噴射氣流導致的，一順風一逆風，這個差別就不小了，所以有的時候，航空公司為了利用或避開這個高空氣流帶，去和回是選擇不同的路線，我們可以帶著孩子瀏覽旅行社的網站，透過試買機票的機會，讓孩子發現去和回常有時間差這件事。

例如，我實際查了某航空台北飛東京的機票，去和回皆是直飛，作為孩子的範例，的確會發現到：去程飛三個小時，回程卻是四個多小時，增加了約 30%。

	台北 TPE	東京 TYO	
	16:20	20:20	3 小時 00 分鐘，直飛
	東京 TYO	台北 TPE	
	09:30	12:40	4 小時 10 分鐘，直飛

看了這個旅行時程表，我們也來檢查這個情況正不正確？這時候我們同時面對「飛行時間長短」和「兩地時差」這兩個變因，會挺有趣的。

在台北 16：20 起飛，經過 3 個小時整，應該是 19：20 降落，但它怎麼寫 20：20？

因為這是台灣 GMT+8 的 19：20，而日本人是 GMT+9，快一小時，所以是 20：20。

返程呢？

在東京 09：30 起飛，經過 4 小時 10 分鐘，應該是 13：40 降落，但這是 GMT+9 的 13：40，台灣是 GMT+8，慢一小時，所以是 12：40，沒錯，表上也對。

來做個大表格吧。

東京 GMT+9。與台北時差 1 小時。

	台北飛東京	東京飛台北
問降落 時刻	（a）1/1 上午 8：00 從台北起飛，假設飛行時間 3 個小時，問何時降落東京？	（c）1/1 上午 8：00 從東京起飛，假設飛行時間 3 個小時，問何時降落台北？
問起飛 時刻	（b）1/1 上午 8：00 降落東京，假設飛行時間 3 個小時，問何時從台北起飛？	（d）1/1 上午 8：00 降落台北，假設飛行時間 3 個小時，問何時從東京起飛？

洛杉磯 GMT−8。與台北時差 16 小時。

	台北飛洛杉磯	洛杉磯飛台北
問降落 時刻	（e）1/1 上午 8：00 從台北起飛，假設飛行時間 13 個小時，問何時降落洛杉磯？	（g）1/1 上午 8：00 從洛杉磯起飛，假設飛行時間 13 個小時，問何時降落台北？
問起飛 時刻	（f）1/1 上午 8：00 降落洛杉磯，假設飛行時間 13 個小時，問何時從台北起飛？	（h）1/1 上午 8：00 降落台北，假設飛行時間 13 個小時，問何時從洛杉磯起飛？

答案：
a. $8 + 3 + 1$
b. $8 - 3 - 1$
c. $8 + 3 - 1$
d. $8 - 3 + 1$
e. $8 + 13 - 16$
f. $8 - 13 + 16$
g. $8 + 13 + 16$
h. $8 - 13 - 16$

【結論】

慢時區往快時區飛：
降落時刻 = 起飛時刻 + 飛行時間 + 時差
起飛時刻 = 降落時刻 − 飛行時間 − 時差

快時區往慢時區飛：
降落時刻 = 起飛時刻 + 飛行時間 − 時差
起飛時刻 = 降落時刻 − 飛行時間 + 時差

61. 甲子

這一篇我們要討論的是中國古代使用的干支紀年法

在各個國家，各種文明之中，記載許多數算年份的方法， 一些和信仰文化有關，有些是用國家取名字，也還有的是國王的名字。

而干支紀年法是其中一套有規律循環的方法，我們可以使用數學去瞭解這之中的奧妙。有些證據指出，中國的商朝就開始使用這套方法了，雖然現今這種方法已經不是第一順位的使用，但每年新的月曆上都有它的蹤跡，歷史、文學書籍中也都還有見到。讓我們用數學的方法來作些討論吧。

干支，指的是天干和地支

天干代表 10 個字：

甲ㄐㄧˇㄚ、乙ㄧˇ、丙ㄅㄧㄥˇ、丁ㄉㄧㄥ、戊ㄨˋ、己ㄐㄧˇ、庚ㄍㄥ、辛ㄒㄧㄣ、壬ㄖㄣˊ、癸ㄍㄨㄟˇ

地支代表 12 個字：

子ㄗˇ、丑ㄔㄡˇ、寅ㄧㄣˊ、卯ㄇㄠˇ、辰ㄔㄣˊ、巳ㄙˋ、

午ㄨˇ、未ㄨㄟˋ、申ㄕㄣ、酉ㄧㄡˇ、戌ㄒㄩ、亥ㄏㄞˋ

天干只有 10 個字，所以 10 年會有一個循環，今年是甲年，十年後也會是甲年。而地支是 12 年一循環，不過若只單獨使用其中一個，這樣的循環週期很短。例如，你告訴別人你是甲年出生的，與你對話的人，可能無法清楚辨認，「你是這個甲年，還是那個甲年生的？」而這一點，讓人在使用上較為不便，於是前人想出了一個相互搭配的方法，可以延長它的週期。

我們看一下它的規則：

1. 從甲子開始。
2. 甲搭配子→乙搭配丑→丙搭配寅→一次移動一個，無限循環。
   這樣子可搭配出來的組合，明顯就變得比較多了

第一個可供思考的問題是，這樣可以有幾種搭配？
也就是說，今年是甲子年，再到下一次的甲子，會經歷幾年？

每 10 年都有甲：10、20、30、40、50、$\boxed{60}$、70......
每 12 年都有子：12、24、36、48、$\boxed{60}$、72、84......

對的，是每 60 年一循環，這也可用最小公倍數解釋，【10、12】＝60

我把 60 種情況列出來：

甲子、乙丑、丙寅、丁卯、戊辰、己巳、庚午、辛未、壬申、癸酉、
甲戌、乙亥、丙子、丁丑、戊寅、己卯、庚辰、辛巳、壬午、癸未、
甲申、乙酉、丙戌、丁亥、戊子、己丑、庚寅、辛卯、壬辰、癸巳、
甲午、乙未、丙申、丁酉、戊戌、己亥、庚子、辛丑、壬寅、癸卯、
甲辰、乙巳、丙午、丁未、戊申、己酉、庚戌、辛亥、壬子、癸丑、
甲寅、乙卯、丙辰、丁巳、戊午、己未、庚申、辛酉、壬戌、癸亥

孩子看出了一些規律，這個搭配是從甲子開始，一格一格跳，所以偶數
將會配偶數，奇數會配奇數，例如有甲子、甲寅，但是不會有甲丑、
甲卯等奇偶數配。

也了解到為什麼總聽大人說：60 年一甲子，或是成語中的「花甲之年」，
為什麼指的是 60 歲的長者。

另外再補充一個小資訊，地支和生肖都是 12 個，正好也有對應，即：
子(鼠)、丑(牛)、寅(虎)、卯(兔)、辰(龍)、巳(蛇)、午(馬)、未(羊)、申(猴)、
酉(雞)、戌(狗)、亥(豬)。

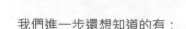

我們進一步還想知道的有：

1. 我查到 2018 農曆的干支年是戊戌年，屬狗，但我能知道任何一個西元年的干支、及生肖是什麼嗎？
2. 大約百年前的辛亥革命究竟是西元哪一年？

我們試著討論看看。

西元年份和天干地支，這兩者是什麼搭配？

我們來找一個參考點，這是一個商朝或春秋開始的故事，但不太有自信可以查到哪一年才是歷史上的第一個甲子，我試著先從西元開始作準備。

我查到 2018 農曆年是戊戌，若往前回溯 2018 年，暫時胡亂叫它作西元 0 年吧，這一年會叫什麼年？

我先思考天干，我目前知道的是，天干有十個，戊年的 10 年前也是戊年，那麼 20 年、30 年，都是戊年，2018 年前，也就會是 8 年前，而 8 年前，也可以視作 2 年後，這樣的話，西元 0 年會是庚年。

同理，思考地支，每 12 年有相同地支。

2018÷12＝168...2，所以回溯 2018 年前，就會是 2 年前，也就是申年。

那麼，西元 0 年會是「庚」「申」，並且是「猴」年。

那來算一題吧，若某人是 1981 年生。

若我把西元 0 年「庚申猴」視作參考原點，

1981÷10→餘 1
1981÷12→餘 1

庚+1→辛
申+1→酉
猴+1→雞

所以此人是「辛酉」年，屬「雞」！

天干部分的計算可以再簡化一些，1981 只要看個位數就可以了。
因為 1981＝1980+1，1980 是 10 的倍數，所以看個位數 1 就可以知道
餘 1 了。

我來建立一個餘數表

天干：
甲（4）、乙（5）、丙（6）、丁（7）、戊（8）、己（9）、庚（0）、辛（1）、
壬（2）、癸（3）

地支：
子（4）、丑（5）、寅（6）、卯（7）、辰（8）、巳（9）、午（10）、未（11）、
申（0）、酉（1）、戌（2）、亥（3）

再來一個吧，請問，西元 2000 年是什麼年呢？大家練習看看吧！

2000→個位是零→庚
2000÷12→餘 8→辰

答：庚辰年，龍年！

再來一題，我們讀到歷史中，大約是在百年前的辛亥革命，是西元哪一年？

嗯，這得反推一下了！

這回以 2018 當參考點吧，2018 是戊戌。

戊要到辛是 3 年後，或再 + 10 = 13、23、33...
戊要到亥是 1 年後，或再 + 12 = 13、25、37...

所以 2018 下一個辛亥年，是 13 年後，或可能是 47 年前，或 47+60 年前，或再 60 年前，估計一下清末，會是 2018 的 107 年前，也就是 1911 年。

我們還可以玩這幾題，答案在後面，大家練習一下吧！

甲午戰爭、庚子拳亂、戊戌變法、辛丑和約呢？

答案：1894、1900、1898、1901。

【結論】
西元年分別÷10 和÷12，若皆餘零，為庚-申-猴年，其餘前後移動尋找，皆有答案。

62. 閏年

孩子們聽過閏年，閏年的 2 月會有 29 天。

「一年」是怎麼訂的呢？是地球繞太陽一圈的時間長度，但是這段時間並不是完整的天數。所以剩餘的幾個小時怎麼辦呢？

如果不管它，幾年以後就產生了混亂，能不能用數學來作點瞭解呢！

先把科學家研究的結果記錄下來：一年的天數近似值是 365.2422 天。

也就是一年可以選擇的日數是 365 天或 366 天，而比較靠近的是 365 天，若一年基本以 365 天基礎，將會造成了 0.2422 天的落差。

也就是說大自然的一年，會比人為曆法的一年，多了 0.2422 天。

我們暫時簡記為：
一年：『自然』－『人曆』= 0.2422

但是這樣累積久了可不好，古代曆法家試著想作出修正，0.2422 幾乎是四分之一天，所以先是以四年一次的週期作修正。

每 4 年：
『自』：365.2422×4 = 1460.9688
『人』：365×4 = 1460

『自』－『人』= 1460.9688–1460 = 0.9688

這幾乎就快一天，落差大了，於是就把人的曆法增加了一天，減少誤差。最少天數的月份是 2 月，於是 28 天，變成了 29 天。

目前孩子的資訊，一般也是到這邊，也就是孩子可以說出：只要是 4 的倍數的年份，2 月都有 29 天。不過其實還能跟孩子有更多討論。

例如有孩子提出一個問題是：其實也才 0.9688 天怎麼卻增為一天。

的確，這使我們人類的曆法跟上了，但當初是落後，現在『人』補了一天，反而變成『人』－『自』＝ 1－0.9688 ＝ 0.0312。變成人類多了，每 4 年多了 0.0312 天。

4 年多了 0.0312 天，也就是 40 多分鐘。這樣下去，也會積少成多喔！

4 年：『人』－『自』＝ 0.0312
8 年：『人』－『自』＝ 0.0312×2 ＝ 0.0624
百年：『人』－『自』＝ 0.0312×25 ＝ 0.78 天

這下又快一天了，是每 100 年，人類會比自然又快將近一天。

『人』衝過頭了，這時緩一緩吧，決定先把第 100 年的閏年給扣掉，叫它減肥，不要再吃了。

所以每百年：『人』－『自』＝ 0.78 天，現在扣去一天，變成：

每百年：『自』－『人』＝ 0.22 天

而 100 年，200 年，300 年，到了 400 年。

每 400 年：『自』－『人』= 0.22×4 = 0.88 天，又近一天了，『人』又落後了，所以第 400 年得要修正，『人』需要多一天，於是這一年本來已扣去的 2/29 又決定讓它回來了！

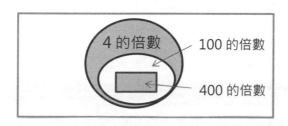

故事到這邊，我們知道這套平閏年方法，越修越精準，也越修越複雜了。

目前是，每 400 年『自』－『人』= 0.88。

而『人』補上一天之後，變成『人』－『自』= 0.12。

下一次的修正，想湊齊一天會是大約 8 倍（0.12×8 又要組成一天了），也就是 400×8 倍 = 3200 年後！

就說到這裡了，哈哈，我們和孩子的頭也快爆開了。

我們的前人可能預期到我們快消化不良了，他們說：三四千年後的事，就留給未來人再定吧。而近代科學家發現，地球和太陽的關係，也確實有很些微的在改變中，所以之後的事，確實之後再說吧！

總結規則。

閏年出現在：西元年份是 4 的倍數中，但扣除 100 的倍數，再補回 400 的倍數。即「四年一閏，百年不閏，四百年再閏」。

最後就給出幾個例子吧，帶孩子玩一下。

【練習一】判斷平閏年？

2018→平年 365 天
2020→閏年 366 天
1900→平年 365 天
2000→閏年 366 天
2100→平年 365 天

【練習二】
有個人出生在 1896.2.29，那麼，他的第一個生日蛋糕是？

答：8 歲了，大約國小二年級吃第一個蛋糕，也就是在是 1904.2.29，因為 1900 年那年沒有 2/29。

【練習三】
每 400 年，會有幾個閏年？

答：97 個閏年。

63. 中點公式

有一條路,它的門牌號碼是連續整數從小到大按照順序,由 1 到 100 號不中斷。

如果小明住在 2 號,小華住在 4 號,他們想約在路程的正中間咖啡店見面,請問正中間會是幾號?

這題不難,答案是 3 號。

但若小明住在 17 號,小華住在 39 號,那這次,正中間幾號?
這題開始就不好思考了

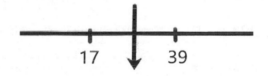

【討論一】
我們試著在這個圖上思考。

39 和 17 的差距是 39–17 = 22,
再把 22 切成一半: 11 和 11,
17+11 = 28。

中間點的號碼也就找到了,是 28。

這個方法很好理解。

【討論二】

但孩子又聽國中哥哥說有一個更快速的方法，但孩子不知道原因。我請他先把結果說出來，讓其他孩子聽一下。

第一步驟：39+17 = 56，
第二步驟：56÷2 = 28
中間點就是 28
簡單說，相加，再除以 2。

答案對，可是為什麼？

這是一個很實用的主題，只是給孩子想看看，有沒有不需要用到代數的解釋方法？只要能夠用具體的方法解釋，這個生活化的題目，這個好方法，也能和國小學生討論。

我和孩子胡亂聯想了一下，怎麼樣的小明和小華家，會比較好找中點？

孩子想到有三種情況：

a. 這兩個數字都很小，或很近，能夠用看就看出中間點。例如 2 和 4 的中間是 3，這是用看的。

b. 這兩個數字本來就互為相反數，例如一個是（–5），一個是 5，中間點很明顯就會是 0

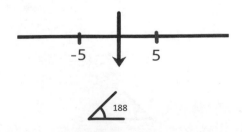

c. 這兩個數字若其中一個是零，例如 0 和 10 的中間，明顯會是
   10÷2 = 5

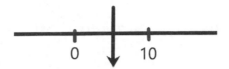

a 就不討論了，b 得要運氣好正好要是相反數才行，我建議先從 c 著手思考。

其實 c 也要運氣好，我們這篇的題目：找 17 和 39 的中間點的咖啡店，這沒有出現 0 啊？

除非我們稍微修一下！

暗示一下：尋找的過程中，17 號小明突然要搬家，他們家要搬到 16 號。

而，他們又很中意那家中間的咖啡店，這時候該怎麼辦？

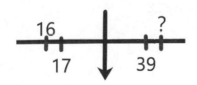

是的，讓小華搬到右邊一格，即 40 號。
17、39，和 16、40 擁有同樣的中點。

意思是說，讓小明繼續往左跑，小華會跟著向右邊移，但中間不會變。

直到搬到哪裡，就會好算呢？

讓小明去原點 0。

方案 c 說，一個是原點，另一個÷2 就會找到中點。
小明往左邊搬了多少呢？

（17‧39）→（0‧56）

這時÷2 就是中點了。

56÷2＝28

而 56 是怎麼來的？是 39+17。

中點是 =（39+17）÷2＝28

【結論】
A 和 B 的中間點是（A+B）÷2

64. 共幾人、差幾天？

老師指定暑期返校打掃的同學，第一批是 1 號到 7 號，第二批是號碼 8
號到 14 號，第三批是 15 到 22 號。第一批同學報到是 7/8 早上 8:00，
第二批同學報到是 8/7 早上 8:00，第三批同學報到是 8/17 早上 8:00。

問題：
a. 請問 1 算到 7 號，8 算到 14 號，15 算到 22 號，每批分別是多少人？
b. 請問 8/7 到 8/17 日，間隔有幾天？
c. 請問 7/8 到 8/7，間隔有幾天？

我們先用數的，答案是
a. 7 人，7 人，8 人
b. 間隔 10 天
c. 間隔 30 天

用數的很簡單，但數字一大就比較慢，這些題目有沒有計算的方法呢？

a. 請問 1 算到 7，8 算到 14，15 算到 22，每批分別是多少人次？

首先是：1 號到 7 號有幾個人？

這題不需要計算，答案是 7 個人，因為我是從 1 開始數的。

第二題就有大問題了，8 到 14 有多少人？

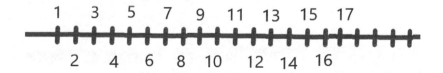

我有感覺要用減法，但 14−8＝6 答案並不對，差了 1。
若要我去硬湊算式，會是 14−8＋1＝7

但能不能有具體的理由解釋，為什麼算式要這樣作？

我使用幾個方式去作解釋。

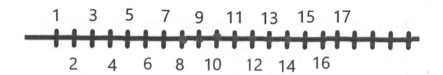

8 到 14 號有多少人，我看到這個 8，有一些想法？首先這個 8 是一位同學的號碼。

同時他也代表：包含他和他前面一共有 8 人，即 1 號到 8 號共有 8 人

1 到 14 號共有 14 人。
1 到 8 號共有 8 人。

所以 14 減 8 我把它解釋成：

1 到 14 號共 14 人，扣去 1 到 8 號共有的 8 人。

我們清楚地看到第二批的隊長，也就是 8 號，他在這個減法中被減掉了
我們在圖中看不到他，所以+1 是我把隊長加回來。

第三批我們也來檢查看看。

15 到 22 共有幾人？

1 到 22 號共有 22 人，1 到 15 號共有 15 人。

1 到 22 號共有 22 人扣去 1 到 15 號共有的 15 人。

22 減 15 等於 7，但是這時，第三梯次的隊長也是被趕走了，於是 22 減 15 加 1，再把隊長找回來。

到這裡，是不是就完全理解這個道理了呢？共幾人、共幾個，是要先相減後加一。

再換個解釋方法。

為什麼 1 到 7 號這種類型很簡單，8 算到 14 號卻會這麼囉唆呢？

那就平移吧。

讓 8 號移動到 1 號，那麼 14 號也會向前移動。

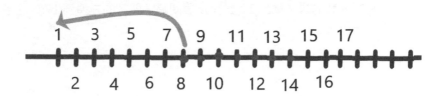

8 移動 7 格，14 也會移動 7 格，變成 7 號，8 到 14 被移動成 1 到 7 號。

1 號到 7 號自然就會是 7 個人。

而 15 算到 22 號呢？

整理一下算式：

22-14 = 8

或是 22-（15-1）

意義是平移。答案也會是 22-15+1。

b. 8/7 到 8/17 日，間隔有幾天？

試幾個例子，大家也許都知道要用 17-7=10，但總覺得不夠滿足，想知道有沒有再具體一些的解釋方法？

建議孩子用圖想：

我給每個人一塊田，一人顧一塊。

1 號到 17 號這 17 個主人，我把他們的田，放在他們的左手邊

如果你想問我的是 7 號到 17 號有幾個間隔？即 7 的右邊到 17 的左邊一共有幾塊田？

為什麼要 17 減 7 呢？

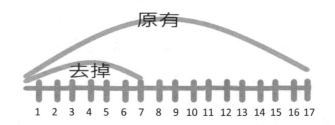

17 我把它解釋成：17 的左邊共有 17 塊田，而 7 代表 7 的左邊共有 7 塊田。

17–7 解釋成：

我將 17 號左方的 17 塊田，扣去 7 號左邊一共有的 7 塊出，剩下的正好就是我想要的「7 的右邊到 17 的左邊」。

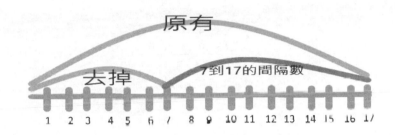

c. 請問 7/8 到 8/7，間隔有幾天？

牽扯到跨月的問題，都比較麻煩。

我們把 8 月 7 日退位成 7 月 38 日，題目就變成：7/8 到 7/38，那就和上一題相同了。

38–8 = 30。

【結論】
小到大問共有幾個：大–小+1。
小到大問間隔幾個：大–小。

間隔數會少 1。

65. 倍數判別法（一）

能夠知道 34567 是不是 5 的倍數呢？可以，只要用個除法，寫個直式就好。

```
                    3
                1   0
                9   0   0
            6   0   0   0
    5 ) 3  4  5  6  7
        3  0  0  0  0
            4  5  6  7
            4  5  0  0
                6  7
                5  0
                1  7
                1  5
                    2
```

除法是一個基本的倍數判定法，以這題來說有餘數，並非倍數。

能夠提早一些知道嗎？有沒有人發現過什麼有趣的方法，標準是只要能比除法快一點點就好。

以比較小的數字為例：17 是 2 的倍數嗎？

我們預備一下數棒展示。

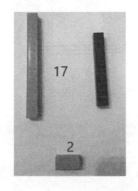

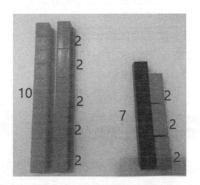

要確定 17 是不是 2 的倍數，就拿個 2 覆蓋 17，看能不能完整覆蓋就好？

先覆蓋其中的 10，發現可覆蓋成功。

再檢查 7，失敗！

更大的數呢：345 是不是 2 的倍數？用 2 來覆蓋 345 看看。

既然 10 可以覆蓋，4 個 10 一定可以覆蓋，百位更不用說，一定可以覆蓋，我在這個過程中發現： 2 想覆蓋任意的十位、百位、千位，或是更大的數位，一律可以成功。

意思是說任何一個正整數只要檢查個位是不是能夠被 2 覆蓋，其他不用檢查，這就比直接寫個大除法快了。

至於個位是不是能被 2 覆蓋，這點就輕鬆了，只要是 0、2、4、6、8，皆可被覆蓋完整。

所以 2 的倍數判定是看個位，限定為 0、2、4、6、8。

孩子立即想類推到其他的倍數判定。

2 可以覆蓋十位以上的全部，只要看個位即可，那 5 和 10 也可以覆蓋十位以上，這下方法完全複製就好，我們來想一想。

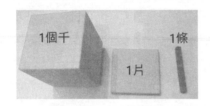 

若 5 只要檢查個位就好，所以 5 的倍數判定是，只要能覆蓋個位的就可以了，那麼個位肯定是 5 或 0。

而 10 的倍數判定，只要檢查個位，而個位肯定是 0。

十位的因數只有 1、2、5、10，所以這一套方法複製也差不多了，剩下的怎麼辦，也只能試一試。想要找的還有 3、4、6、7、8、9、11、12 的倍數判斷。

我們找一下 4。

我再試試舊方法

4 很明顯不能覆蓋十位，但我發現 4 可以覆蓋百位，要覆蓋 25 次。

如果百位可以插 4 的倍數旗子，那麼千位一定也可以，以上的數位也都可以。

那我就明白了，4 的倍數唯一還無法控制的，是十位還有個位。判定法是檢查十位和個位就可以了。

例如 987654312，要知道是不是 4 的倍數，只要檢查末兩位就可以了。

而 987654312 的最後兩位為 12，12 可以被 4 覆蓋，所以 987654312 是 4 的倍數。

討論到這裡，範圍也已經擴大到百位。而 100 的因數還有哪些沒有玩過？

我列一下 100 的因數：1、2、4、5、10、20、25、50、100。

扣除已經討論過了，剩下 20、25、50，這些都是只有檢查末兩位的。

20 的倍數判定，檢查末兩位，末兩位一定是 00、20、40、60、80。
25 的倍數判定，只要檢查末兩位，末兩位一定是 00、25、50、75。
50 的倍數判定，只要檢查末兩位，末兩位一定是 00、50。

可以繼續玩千位，只是 1000 的因數比較多了，先討論一個代表：8。

8 可以覆蓋千位，以及更大的位值，所以 98765488 是不是 8 的倍數？只需要看末 3 位。

也就是檢查 488 可以替代檢查 98765488。

這樣很有效率，而 488 確實是 8 的倍數，所以 98765488 也就是 8 的倍數了。

同樣道理，要檢查 16 的倍數，看末四位即可。

【結論】倍數判定法我們找到了幾個：

一個整數是不是 2 的倍數，看個位是不是 0、2、4、6、8。
一個整數是不是 5 的倍數，看個位是不是 0、5。
一個整數是不是 10 的倍數，看個位是不是 0。
一個整數是不是 4 的倍數，看末兩位這個數是不是 4 的倍數。
一個整數是不是 8 的倍數，看末三位這個數是不是 8 的倍數。

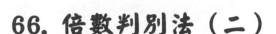

66. 倍數判別法（二）

上個單元討論了 2、4、5、10 等等。

至今還有比較大的困惑是，若是和 10、100、1000 互質的數，會不會有「效益高」的判定法？

還剩下有：3、9、11，我們一個個都來討論看看。

【3 的倍數判定】

拿 3 來覆蓋十位，可以嗎？

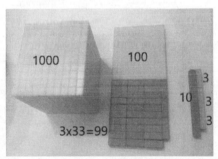

由圖可以知道，這是不完整覆蓋，會有空一個洞沒有辦法完全覆蓋。

百位呢？剛才十位有一個洞，百位是十個十，所以會有 10 個洞。幸好 10 個洞可以由 3 再覆蓋 3 次，所以最後結果，是 1 個洞。

千位呢，百位的十倍，那還是 10 個洞，也就是將再縮為 1 個洞。

再延伸下去，我們發現，3 的倍數判定法是無法從哪一位開始就不用檢查了，這和剛剛的 2、5 和 10 情況完全不同。

倒是有一個共同點，就是它的每一位用 3 覆蓋過後，都會剩下 1，無論是個十百千萬等等的哪一位。

我們再想個例子，請問 111 是不是 3 的倍數？

百位覆蓋過後會剩 1，十位剩 1，個位也剩 1，一共 3 個洞。

所以 111 是不是 3 的倍數，將被簡化成「那 3 個洞，能不能被 3 覆蓋？」

當然可以，只要把三個洞靠近就可以。

例如 222 呢？是幾個洞？

一個一個收集：
百位：2 個洞
十位：2 個洞
個位：2 個洞

共 6 個洞。

6 個洞可以被 3 覆蓋。

例如 201，一個一個收集：
百位：2 個洞
十位：0 個洞
個位：1 個洞
共 3 個洞。3 個洞成功。

慢慢找到規則了，12121 有幾個洞？1+2+1+2+1＝7 個洞。失敗。

123456789 有幾個洞？1+2+3+...+9＝45 個洞。

最後再問，45 個洞可用 3 覆蓋嗎？可以。
所以 123456789 是 3 的倍數嗎？

是。

以小查大，確實都比除法有效益一些，檢查方法又單純，非常適合用教具展示給國小學生。

另外還發現一件事，任意一個 3 的倍數，它的每一位無論怎麼交換，依然是 3 的倍數，例如 987654321、129876345，因為每一位加起來都是 45，都是 3 的倍數。

再來類似觀念，一樣每一位有一個洞的，還有 9。

【9 的倍數判定】

再確認一下，9 的覆蓋情況。

十位，拿 9 來蓋，有 1 個洞。

百位，拿 9 來蓋，蓋住 99，有剩 1 個洞。
千位，拿 9 來蓋，蓋住 999，有剩 1 個洞。

又看出節奏了。

檢查一下老例子：222 是 9 的倍數嗎？

百位：2 個洞
十位：2 個洞
個位：2 個洞
共 6 個洞。

6 個洞可以用 9 蓋滿嗎？不行喔，不完整。
123456789 是 9 的倍數嗎？
共有 1+2+3+…+9＝45 個洞。

可以用 9 覆蓋 5 次，完整！123456789 是 9 的倍數。

過關，最後是 11 的倍數判定法。

【11 的倍數判定】

11 的覆蓋情況。

十位，拿 11 來蓋，一次都蓋不滿，有 10 個洞。
百位，拿 11 來蓋，可蓋住 99，有剩 1 個洞。
千位，拿 11 來蓋，可蓋住 990，有剩 10 個洞。
萬位，拿 11 來蓋，可蓋住 9999，有剩 1 個洞。

原本是 1 個洞的，經過 10 倍就會變成 10 個洞，再 10 倍就會變成 100 個洞，而 100 個洞對 11 而言，其實也就是一個洞，這個循環繞口令，又讓我們看出節奏了。

1 個洞，10 個洞，1 個洞，10 個洞......

121 是 11 的倍數嗎？

1 個百：1 個洞，
2 個十：20 個洞，
個位 1：1 個洞

一共有：22 個洞。

22 個洞，由 11 可以再覆蓋 2 次即可，所以 121 是 11 的倍數。

3795 是 11 的倍數嗎？

3 個千：30 個洞，
7 個百：7 個洞，
9 個十：90 個洞，
個位 5：5 個洞，
一共有：132 個洞。

132 個洞由 11 可以再覆蓋 12 次即可，所以 3795 是 11 的倍數。

這個方法有一致性，洞的數目也有循環。有個小缺點是計算量，和之前其他倍數相比是略大一些。問題就在 10 個洞，數字大，造成計算量增加。

不過很幸運的這個問題後來被解決了。

我們試著由一個例子去思考。請問 1111 是 11 的倍數嗎？

1111 = 1000+100+10+1
1000：10 個洞
100：1 個洞
10：10 個洞
1：1 個洞

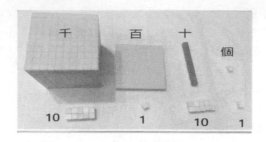

我們剛才討論到，要統計出洞的總數，再檢查 11 可不可以覆蓋，但是實際上我們看一下這個例子，其實並不用真的把所有洞加起來才知道可不可以。

把千位 1 個洞，去合併百位的 10 個洞其實就可以了，對於 10 來說，它缺 1，有人多 1，補給它正好就可以了。

所以本來我們從個位開始有：「多 1 個洞、多 10 個洞」的循環中，現在換句話說成：

從個位開始：「多 1 個洞、少 1 個洞」。

剛才的例子再一次：

3795 是 11 的倍數嗎？

3 個千位：少 3，
7 個百位：多 7，
9 個十位：少 9，
5 個個位：多 5，
多的共 7+5＝12，少的共 3+9＝12，多和少的相互支援，最後抵銷，全部被 11 覆蓋，就是 11 的倍數了。

再一個例子：92345，多了 9+3+5＝17，少了 2+4＝6，折抵結果，11，
再覆蓋一次即可，92345 是 11 的倍數。

【結論】
3 的倍數判定：每一位相加，除以 3，若整除則為 3 的倍數。
9 的倍數判定：每一位相加，除以 9，若整除則為 9 的倍數。
11 的倍數判定：奇數位總和、偶數位總和差距，除以 11，若整除則為
11 的倍數。

67. 倍數判別法（三）

倍數判定可以作一些快速的判斷，有它的效益在，但若真要一個一個的方法全背起來，就顯得有些雜亂，我的建議是：

學幾個關鍵零件就好了，剩下的，再用除法、或用短除法去拆解。
合數可以少學一些，真正關鍵的零件會是質數。

我們已經開始學了一些質數，是否真的可以因此代替一些合數？

可以的

例如 6 的倍數，可以拆解成：先檢查它是不是 2 的倍數，再檢查它是不是 3 的倍數，要兩個都通過才是 6 的倍數。

最後就找幾個例子來列個表。

檢查是誰的倍數	要先檢查哪些零件？
6	2、3
10	2、5
12	4、3
15	5、3
18	9、2

這裡要討論的是：12 = 4×3，我理解表格上寫要檢查 4、3，但是，12 也是 2×6，為什麼就要檢查 4、3，而不是檢查 2、6？

12 裡有 4、3，也有 2、6；
24 裡有 4、3，也有 2、6；
36 裡有 4、3，也有 2、6；

4、3，或 2、6 察覺不出有何差異？我們來想一個有差異性的例子？

1. 有那個數字能通過 4、3 的倍數檢定，卻沒通過 2、6 的倍數檢定
2. 有那個數字能通過 2、6 的倍數檢定，卻沒通過 4、3 的倍數檢定？

第一種情況不可能，而第二種情況有可能。

第一種情況，它是 4 的倍數，也是 3 的倍數，代表它是最小公倍數 12 或倍數，而這 12 的倍數除以 6、除以 2，一定可以通過。

至於情況二，它是 6 的倍數也是 2 的倍數，代表至少是最小公倍數 6，但是 6 明顯無法通過 4 的檢定。

為什麼 12 的倍數檢定不能檢查它是 6、2 就好了？這絕對不只是規定，不能要學生用硬背的。我們來好好想一想。

有人有個客戶打電話進去一家公司說：「我要找採購主任」，隔天另外一位客戶打電話要找「公關主任」，我們能不能因此就推論，這間公司至少有兩個職員？

不一定，公司是有可能很大，但也有可能只是「一人公司」，因為有可能他的採購主任兼任公關主任。我們再回頭看這個例子。

有個數字它是 2 和 6 的倍數，它是不是一定就是 12 的倍數？

不一定！例如 6 或 18，它們都是 2 和 6 的倍數，但不是 12 的倍數。

為什麼？因為我們有可能找到同一個 2，找了它兩次，但 12，確確實實需要有不同的兩個 2，我們若只找到了一個 2，強度就是不夠達成 12。

畢竟 12 = 2×2×3。

這是個有趣的主題，對老師來說教學挑戰好大，但就是不希望孩子僅僅死背說，12 的倍數判定法，要先檢查 4 再檢查 3。先要明白道理。

最後再來個例子，18。

$18 = 3 \times 6$
$18 = 2 \times 9$

我們不能選擇檢查 3、6，因為有可能會檢查到同一個 3，例如 12 就是這樣的錯誤例子，裡面有 3 有 6，但就是不夠到 18。

18 真實存在一個 2，且有兩個 3，一個都不能少，這樣才能達成 18 的要求。

【結論】
學習倍數判定的時候，優先以質數先學，一部分的合數可以拆成多個小數字分批檢查，但也並非隨意挑選。

68. 去一減 2 法（7 的倍數）

介紹「去一位，減 2 倍」的方法，作為判斷 7 的倍數。暫稱去一減 2 法。

924 是不是 7 的倍數？

去一減 2 法是說：先去掉最右邊那一位，再減去這一位的 2 倍，

例如 924：

924 去掉一位，只留 92，再減去個位 4 的 2 倍，即 92−8 = 84，若剩的數是 7 的倍數，就成功。

意思是用 84 來診斷 924。

84 要再繼續切也可以，去一減 2，8−4×2 = 0，0 也是 7 的倍數，成功。

924→84→0→成功。

這個方法，不是很慢也不是很快，和除法比起來，並不算太強。

再來一題：2415 是不是 7 的倍數？
→241−10→231→23−2→21→成功

勉強來說，好處在於可以心算。和其他倍數判定相比，速度不太快。

$$
\begin{array}{rrrl}
2 & 4 & 1 & 5 \\
-\ \ \ \ \ & 1 & 0 & \text{去掉一位} \\
\hline
2 & 3 & 1 & \\
-\ \ \ \ \ & 2 & & \text{去} \\
\hline
2 & 1 & &
\end{array}
$$

【原因】

為何可以用 21 診斷 2415？

原數：2415	
十位以上	個位
a	b
241	5

一個數字先分兩部分，十位以上的叫作 a，個位叫作 b，所以整個數是 a×10+b，或簡寫為 10a+b，而他是不是 7 的倍數，將是用 a−b×2 來作診斷，但是這一點需要證據。

已知：a−2b 是 7 的倍數
求證：10a+b 也是 7 的倍數
證明：

　　a−2b 是 7 的倍數→a−2b = 7k
　　所以 10a+b = 10×（a−2b）+21b=10×（7k）+21b = 7×（10k+3b）
　　➜必是 7 的倍數。

　　診斷成功。

【延伸】

我由上個式子中的 21b，發現 3 的倍數也可以這樣作。

已知：a−2b 是 3 的倍數
求證：10a+b 也是 3 的倍數
證明：

是 3 的倍數→a−2b = 3k
所以 10a+b = 10×(a−2b)+21b=10×(3k)+21b = 3×(10k+7b)
➔必是 3 的倍數。

診斷成功。

例如 2415 是不是 3 的倍數？

用「去一減 2 法」：
2415 → 241−10 → 231 → 23−2 → 21 ➔ 21 是 3 的倍數，成功

這個方法判斷 3 也可以，同樣不快，僅供參考。

【11 的倍數】
由這個方法繼續討論，11 的倍數可以用「去一減 1 法」檢查。
就是去掉最右邊一位，再減去這位的 1 倍。

已知：a−b 是 11 的倍數
求證：10a+b 也是 11 的倍數
證明：

　a−b 是 11 的倍數→a−b = 11k
　所以 10a+b = 10×(a−b) +11b=10×(11k) +11b = 11×(10k+b)
　➔必是 11 的倍數。

診斷成功。

例如 4125 是不是 11 的倍數？

「去一減 1 法」檢查：

4125→412−5→407→40−7→33→33 是 11 的倍數，成功。

【結論】倍數判定法補充：

3 和 7 的倍數：去一減 2 法。
11 的倍數：去一減 1 法。

介紹孩子這個不同的檢定法，速度不快，但不用動紙筆，眼睛轉一轉，答案就出來了，真的挺有趣的。

69. 為什麼兩邊和大於第三邊？

三角形有三個邊 side，三個角 angle，這六個資訊 SSSAAA 彼此相互合作，也相互牽制，組成了這個似乎很基本，但卻又充滿秘密的形狀。

首先，我們來討論看看：邊長如何彼此牽制。

三角形的邊長會不會毫無限制？不可能，因為真的太懸殊會組不起來。

例如三邊為 1，1，100，兩隻手這麼短怎麼牽？

好，那我先決定兩個邊 10，15，問第三邊 x 多長的時候，「不能」組成三角形？

先從整數想。1 不行，其實 2、3、4、5 都不行，5 最可惜，因為正好躺平了。

6 可以，7~24 也都可以，25 又躺平了，26 以後又不行了。

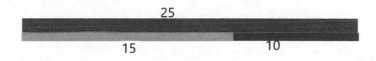

所以不行的情況比較多，可以的有 6 以上 24 以下，如果連小數都算進去，第三邊的總範圍是：

$$5 < x < 25$$

這個界線 5 和 25 正好都是躺平的情況。

何時會躺平？

長度相同的時候，而這時候正好會形成加減法。
例如 5+10 = 15，或 10+15 = 25。

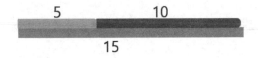

我們從圖上，可以看出結論。

任何的一邊，都是另兩邊的牽制：15–10 < x < 15+10

【結論】
另兩邊差 < 某一邊 < 另兩邊和

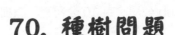

70. 種樹問題

種樹問題是好東西，不要急著在尚未討論成熟時作考試。

在一般的情形下，這不太適合在三年級除法剛入門時，就丟這種等級的問題出來。孩子的胃口要培養，太早出來若吞不下去，只好丟或者背，立刻破壞了胃口，也破壞了高級的食材，都很可惜。

中年級有許多重要的事要作，都要一再確認孩子的底子是否已經穩定。不用一直攻高年級，中年級是要能把最簡單、最基本、最份內的東西玩到無死角，讓孩子能有自信的運用自己的思考，就算只是得到階段性的成果，勇敢的心才是最讓人感動的。一般狀況看，三年級是個關卡，具體到抽象的過渡，經常作得不太完備就過去了，看過了 些這樣的例子。

而且如果只是老師會，但學生都在怕，那寧可老師只教課本，先什麼難的都不需要補充，孩子的狀況到哪，老師要先同步呼吸。依據情況決定什麼暫時不教，也能忍住不展現自己，這也是數學老師的專業之一。

「忍功」確實難修。

什麼都能教，就是診斷完再教，也不要硬塞。
1. 除法的「連減清空問次數」成熟嗎？
2. 樹的個數和間隔數的關係，孩子已經自然發現了嗎？

【主軸 5 題】
1. 有一條路 600 公尺，每 10 公尺種一顆樹，頭尾都種，請問一側共會種幾棵？
2. 有一條路 600 公尺，每 10 公尺種一顆樹，頭尾都不種，請問一側共會種幾棵？
3. 有一條路 600 公尺，每 10 公尺種一顆樹，頭種尾不種，請問一側共會種幾棵？
4. 有一條路 600 公尺，每 10 公尺種一顆樹，頭不種尾種，請問一側共會種幾棵？

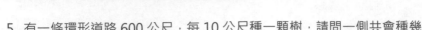

5. 有一條環形道路 600 公尺，每 10 公尺種一顆樹，請問一側共會種幾棵？

搭配【正逆 3 類】
1. 有一條路 600 公尺，每 10 公尺種一顆樹，頭尾都種，請問一共會種幾棵？
2. 有一條路 600 公尺，相等間隔種樹，頭尾都種，共種了 61 棵，請問每幾公尺種一顆樹？
3. 有一條路，從頭開始每 10 公尺種一顆樹，頭尾都種，共種了 61 棵，請問這條路的總長度？

例如：
有一條路 600 公尺，每 10 公尺種一顆樹，頭尾都種，請問一側共會種幾棵？

600÷10＝60
60＋1＝61
答：61 棵。

600÷10＝60 → 600 公尺用 10 公尺去連減，可連減 60 次，也就是會有 60 個間隔。

60＋1＝61 → 而這 60 個間隔，透過間隔+1，將改變單位為 61 棵樹。

道理都要讓孩子能說得清清楚楚，無論是主軸分類，接著正逆變化，一關一關慢慢談。

總距離	間隔距離	間隔數	樹的個數
600	10	?	?
600	?	60	?
600	?	?	61
?	10	60	?
?	10	?	61

而間隔數和樹的棵數的關係，通常是用師生都熟悉具體物都可以自然發現，在這邊也分享幾種孩子的講法：

1. 頭尾都種：可以伸出手指頭看，五根指頭有四個縫。
2. 頭尾都不種：觀察鋼琴黑白鍵，或斑馬線。

3. 頭種尾不種：可以看教室排的某一排桌椅，一位同學管　張桌子，同學是樹，桌子是間隔。

4. 頭不種尾種：和 3 一樣
5. 環形：剪開就是 3 和 4。

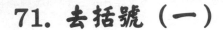

71. 去括號（一）

1. $a + (b + c) = a + b + c$
2. $a + (b - c) = a + b - c$
3. $a - (b + c) = a - b - c$
4. $a - (b - c) = a - b + c$
5. $a \times (b \times c) = a \times b \times c$
6. $a \times (b \div c) = a \times b \div c$
7. $a \div (b \times c) = a \div b \div c$
8. $a \div (b \div c) = a \div b \times c$

為什麼會這樣呢？

我們大人要適時辨認，有些時候要找機會丟給孩子自己處理觀念，有時則不宜只讓孩子自行會意，而沒有協助他作確認。

這些式子，用答案驗證孩子說知道都會對，但能不能有其他的解釋？這是很好能建立深入建構的機會，不要只用表面答案相同，就這樣過去。

我們試著和孩子一起回到情境裡。

1. $a + (b + c) = a + b + c$

右：果汁 20 元，隔壁文具店買原子筆 10 元、又補買一支自動筆 15 元，請問一共幾元？　答：20+10+15

左：果汁 20 元，隔壁文具店一次買齊原子筆 10 元，自動筆 15 元，請問一共幾元？　答：20+（10+15）

情境不同，結果相同，左＝右。

2. $a + (b - c) = a + b - c$

右：爸爸給我零用錢 10 元，媽媽給我 15 元 我又去買了一個糖果 1 元，這個月還有多少錢？　答：10+15-1

左：爸爸給我零用錢 10 元，媽媽給我 15 元 我想吃糖果，媽媽說幫我買，1 元從零用錢扣，這個月還有多少錢？　答：10+（15-1）
情境不同，結果相同，左＝右。

3. $a - (b + c) = a - b - c$

右：領了零用錢 20 元，我去買了一顆糖果 1 元、還有自動筆 10 元，請問還剩下多少錢？　答：20-1-10

左：領了零用錢 20 元，我去同一家賣場，一次買了糖果 1 元和自動筆 10 元，請問還剩下多少錢？　答：20-（1+10）
情境不同，結果相同，左＝右。

4. $a - (b - c) = a - b + c$

這個項目是孩子最多用背的，我們要更努力討論！

左：新年我去好 x 多賣場買了 5 件衣服要給兒子，帶回家試穿之後，發覺有一件太小、兩件太大，一共要退貨 3 件。回到退貨櫃臺排隊時，我突然想起，明天是小姪子生日，小的那件正好可以送給姪子穿，所以，就少退了那一件。問最後一共買了幾件？　答：5-（3-1）

右：新年我去好 x 多賣場買了 5 件衣服要給兒子，帶回家試穿之後，發覺有一件太小、兩件太大，一共要退貨 3 件。退貨櫃臺正在辦理時，我突然想起，明天是小姪子生日，小的那件正好可以送給姪子穿，所以就告訴工作人員，抱歉那一件小的不用退。結果對方說，不好意思我已經刷退了，這件如果要，可能要麻煩您再把這件買回去，我說，沒問題買回。問最後一共買了幾件？　答：5-3+1
情境不同，結果相同，左＝右。

5. $a \times (b \times c) = a \times b \times c$

鉛筆 2 支一包，3 包一盒，4 盒一箱。問一箱共有幾支？

右：一盒有 2×3 支，所以一箱共有 2×3×4 支。

左：一箱有 3×4 包。所以一箱共有 2×（3×4）支。
相同。

6. $a \times (b \div c) = a \times b \div c$

長方形，長是 4 公分寬是 6 公分，切一半問面積。

右：整個長方形是 4×6，切半：4×6÷2。

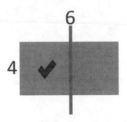

左：如圖方式切半，也是一個長方形，長 4 寬 3，
所以面積＝4×（6÷2）。

左＝右，相同。

7. $a \div (b \times c) = a \div b \div c$

左：$24 \div (2 \times 3) = 24$ 共分 6 份 = ★那一塊。

圖分 6 份

右：$24 \div 2 \div 3 = 24$ 先切 2 份，再分 3 份 = 也得★那一塊

先切 2 份

再細分 3 份

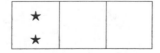

左 = 右，相同。

8. $a \div (b \div c) = a \div b \times c$

長方形面積 24，去作分割。

左：$24 \div (6 \div 2) =$ 長方形本來想切六份，後來決定切少份一點，只切三份，答案是一大格。

右：24÷6×2＝長方形已經切六份，再多拿一塊，答案共是兩小格。

★		
★		

左＝右，相同。

【結論】

這個單元談的，正好都是位階相同的運算符號，如何去除括號的問題，例如加減法遇到加減法，乘除法遇到乘除法。

我們發現括號前面若是「＋」「×」，後面沒有變換符號情況，而「－」「÷」則有影響，我用灰底註記。

$a - (b + c) = a - b - c$
$a - (b - c) = a - b + c$
$a \div (b \times c) = a \div b \div c$
$a \div (b \div c) = a \div b \times c$

72. 去括號（二）

已經到了這第二單元，我們其實比較好奇的是，為什麼要一直跟孩子囉嗦「打開括號」的事？

8−（3−2）=8−3+2=7 要去掉括號還要會變符號，這一不小心就換錯。

直接算，難道不行嗎？

8−（3−2）=8−1=7　這樣不是很好嗎？

為什麼要知道 8−（3−2）=8−3+2？

是的，我被問這個問題，通常來自不那麼「聽話」的孩子，然後我總會給他一個大大的微笑，告訴他，你真是團隊裡的寶。

很欣賞最直覺型的問題。

去括號的需要，通常有幾個可能原因：

1. 能從有括號變沒括號，或沒括號成為有括號，這會產生一些運用的可能性。有一部分是有計算上的好處。例如從 7.98×4×25 沒括號，可轉化為 7.98×（4×25）有括號，這多了括號看起來複雜，但實際上計算變得容易許多。有時則是拆開括號反而很好算：
7.98+（35.42−7.98）。

2. 未來會有代數上的功能。剛才的例子 8−（3−2）確實是不用展開也沒關係，直接 8−1=7 即可，還更快速。但若是遇到未知數的情境
8−（x−2），我們也很想直接計算括號內部，但實在動彈不得，反而是
8−（x−2）= 8−x+2= 10−x，這時打開括號更加得到簡化之效。

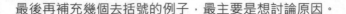

最後再補充幾個去括號的例子，最主要是想討論原因。

這部分的挑選對象和上個單元不同，我們現在要討論的是位階不同的符號，例如乘法遇見較低階的加法時。

1. $a \times (b + c) = a \times b + a \times c$
2. $a \times (b - c) = a \times b - a \times c$
3. $(b + c) \times a = b \times a + c \times a$
4. $(b - c) \times a = b \times a - c \times a$
5. $(b + c) \div a = b \div a + c \div a$
6. $(b - c) \div a = b \div a - c \div a$

這一篇我們全用具體物展示。

1.　$5 \times (4+2) = 5 \times 4 + 5 \times 2$

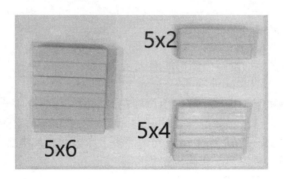

　　　右：5 拿 4 次及 5 拿 2 次，共有多少？
　　　左：5 拿 6 次

2. $5 \times (4-2)=5\times4-5\times2$

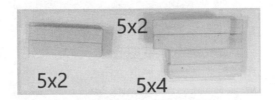

　　右：5 拿 4 次，蓋住 5 拿 2 次，剩下什麼？
　　左：5 拿 2 次。

3. $(7+5)\times4 =7\times4+5\times4$

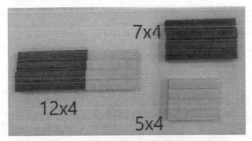

　　右：7 拿 4 次及 5 拿 4 次，共有多少？
　　左：12 拿 4 次。

4. $(7-5)\times3 = 7\times3-5\times3$

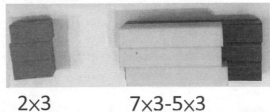

　　右：7 拿 3 次，蓋住 5 拿 3 次，剩下什麼？
　　左：2 拿 3 次。

5.　(10+6)÷2 =10÷2+6÷2

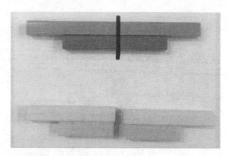

右：10 的一半加上 6 的一半
左：16 的一半

6.　(10-6)÷2 = 10÷2-6÷2

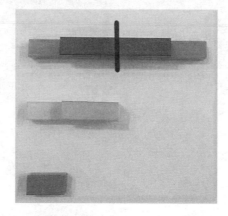

右：10 的一半蓋住 6 的一半
左：4 的一半

73. 一度水

這裡說的一度水不是溫度，而是指自來水公司的體積單位。

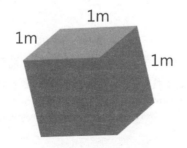

一度水有多少？

一度水是 1 立方公尺，也就是 1000 公升，或是叫作 1 公秉，1KL。

我們看帳單，一度水的費用大約是十多元，即使包含代徵收下水道費，一度水也是未滿 20 元。

便利商店的礦泉水多少錢呢？我們都買過，一瓶 500~600ml，是 20 元。

我們來計算一下，一度水可以裝礦泉水瓶，裝多少瓶呢？

一度水是 1000 公升，礦泉水是是半公升裝，
1000 公升÷0.5 公升＝2000（瓶）。驚人吧。

看了這個價格的差異，知道為什麼每條路上都是飲料店的原因了。

附帶一提，荷蘭是世界平均身高最高的國家，成年男性身高平均是
184 公分，女性為 171 公分，而台灣男性平均是 171 公分，女生平均
158 公分。

若荷蘭人一般都這麼高壯，猜測洗澡應該比較費水吧？！

不，結果正好相反，台灣人年均使用水量，是一個荷蘭人的 3 倍。

荷蘭和台灣都是先天不足的環境條件，但看來荷蘭目前有很成功的環保
教育成果。

【結論】
1. 養成習慣，出門可自己帶開水、或一個小瓶子。老師也可趁機切入機
   會教育，關於高糖飲料的負擔、以及瓶裝水製作過程的缺點。
2. 洗澡水、生活用水都要節制，資源不多，有水當思無水之苦。

74. 速率（一）

大部分的孩子會比較擔心這個單元，我建議要在比或是平均這兩個主題，
先作一些預備工作。

我去巷口那家均一價麵包店買麵包，一共花了 100 元，買了五個，請問
單價多少？
我去巷口那家均一價麵包店買麵包，單價 20 元/個，一共花了 100 元，
請問一共買了幾個？
我去巷口那家均一價麵包店買麵包，單價 20 元/個，買了五個，請問總
價多少？

用表格表達：

題號	麵包總價	麵包個數	麵包單價
1	100	5	x
2	100	y	20
3	z	5	20

孩子通常很輕鬆能答出來，

$X = 100 \div 5 = 20$
$y = 100 \div 20 = 5$
$z = 20 \times 5 = 100$

孩子甚至都能說出結構：
單價 = 總價 ÷ 個數
個數 = 總價 ÷ 單價
總價 = 單價 × 個數

趁孩子狀況好，再來進一步討論看看，怎麼比較哪家麵包店比較貴的問
題？假如今天哥哥弟弟去了不同家的均一價麵包店。

哥哥買了 5 個麵包，弟弟買了 10 個，請問誰買的划算？
→ 不知道，沒告訴我多少錢。

哥哥花了 50 元，弟弟花了 100 元，請問誰買的划算？
→ 不知道，沒告訴我買幾個。

要問我誰買的划算，孩子會發現一定要同時告訴我足夠多的資訊。

哥哥買了 5 個花了 50 元·弟弟買了 10 個花了 100 元·請問誰買的划算？
→ 可以算，資訊已夠。

哥哥那家麵包店的單價：50÷5＝10，單位是：元/個。
弟弟那家麵包店的單價：100÷10＝10，單位是：元/個。
→ 正好一樣情況，不分貴和便宜，划算程度相同。

再來是建構「誰跑得快，誰跑得慢」的問題？

哥哥弟弟讀不同學校，每天在學校課後空檔，各自皆有慢跑習慣，有一天哥哥跑了 1 小時，弟弟跑了 2 小時，請問誰跑得比較快？
→ 不知道，因為不知道各跑距離多遠。

有一天哥哥跑了 6 公里，弟弟跑了 8 公里，請問誰跑得比較快？
→ 不知道，因為不知道各花多少時間。

要問我誰快誰慢，一定要同時告訴我足夠多的資訊。

也就是和買麵包一樣，得要知道平均，或單價。

有一天哥哥花了 1 小時跑了 6 公里，弟弟花了 2 小時跑了 8 公里，請問誰跑得比較快？

哥哥的一小時移動距離：6÷1＝6，單位是：公里/小時。
弟弟的一小時移動距離：8÷2＝4，單位是：公里/小時。
→ 哥哥比弟弟快。

此時的單價，也就是平均一小時的移動距離，稱為「速率」。

題號	距離	時間	平均
1	100	5	x
2	100	y	20
3	z	5	20

孩子此時也都能說出正逆關係了，但千萬不要一下就掉進背誦的動作。

能了解情境說出即可！

速率＝距離÷時間
時間＝距離÷速率
距離＝速率×時間

【結論】
速率問題的主軸是平均問題，會運用到除法的平分和清空，以及乘除互逆的觀念。拆開來看，就不會覺得速率這個主題這麼難以接受了，核心就是平均。

75. 速率（二）

摸了速率的底，其實就是在談平均移動的問題，對孩子來說，平均並不陌生，算考試成績也是一樣的情況。

	總分	科目數	平均
1	600	8	?
2	600	6	?
3	600	?	60
4	600	?	80
5	?	7	70
6	?	2	90

算分數平均這個主題，只要略慢一些，無論是正向算、逆向算，對孩子問題都不會太大。

不過若談回速率，觀念上仍要比考試成績平均還複雜一步，為什麼呢？

除了名詞差異，還在於單位問題。分數只有差別在幾分、幾科，但時間和距離的單位搭配，就太多了。

例如

一小時走幾公里？
一分鐘走幾公尺？
...

我們簡單整理一下：

距離：公里 km、公尺 m、公分 cm
時間：小時 hr、分鐘 min、秒鐘 sec

光是這樣，速率就至少有九種搭配了。

km/hr、km/min、km/sec、m/hr、m/ min、m/sec、cm/hr、cm /min、cm /sec

最後正式進入單位互換問題。

例如：
a. 1 m/hr＝多少 cm/hr？（這是改變距離單位。）
b. 1 m/ min＝多少 m/hr？（這是改變時間單位。）
c. 1 km /sec＝多少 m/hr？（這是時間、距離單位全改。）

a. 1 m/hr＝多少 cm/hr？
　　同樣 1 小時，只是把 1 公尺改成 100 公分而已。
　　1 m/hr＝100cm/hr

b. 1 m/ min＝多少 m/hr？
　　這題類似：1 顆糖/盒，若 60 盒幾顆糖？　答：累積共 60 顆。
　　1 m/ min＝60m/hr

c. 1 km /sec＝多少 m/hr？
　　火箭 1 秒若飛 1 公里，相同平均的情況下，1 小時會飛幾公尺？

　　這題是複雜情況，我選擇先動時間，再調距離單位。
　　1 km /sec＝60×60km/hr＝60×60×1000m/hr

孩子發現一下子有點混亂了，大單位換小單位，到底是要×還是÷？

不一定，要帶孩子仔細看。速率單位有分成距離和時間的變化。

討論距離時，大單位換小單位，是要×。
討論時間時，大單位換小單位，是要÷。

類似的平均主題皆是如此，但這是一個好時機，正好帶學生作單位互換的整理。

討論看看原因。

速率是，某段時間移動多遠。

1 m/hr＝多少 cm/hr？同樣時間下，只是距離單位改變，這是一種定量的單位轉變，例如這些同樣多的沙，大杓子挖一杓，若改用小湯匙挖，得要挖很多次，同樣的距離，大單位換小單位的情況，很明確是要乘法。

1 m/ min＝多少 m/hr？變在時間單位，這不是一種距離定量的轉變，而是時間越長自然移動距離越遠，小單位換大單位才是用乘法。

時機？×10，×100，÷10，÷100？×60，÷60？等等。

km/h	→	m/h	→	cm/h
↑		↑		↑
km/min	→	m/min	→	cm/min
↑		↑		↑
km/s	→	m/s	→	cm/s

km/h	←	m/h	←	cm/h
↓		↓		↓
km/min	←	m/min	←	cm/min
↓		↓		↓
km/s	←	m/s	←	cm/s

【結論】
經過討論之後，可帶孩子把這個表格完成。橫直斜按部就班完成。

76. 比率

許多孩子對於比率這個詞並不是很確定，我們帶著孩子把它定清楚。

比率的意思是指，某個項目在全部裡面佔多少？

所以答案可能是：佔一半，或是佔 $\dfrac{1}{3}$ 、或佔 $\dfrac{99}{100}$ ……

看當時在意什麼項目，例如老師每天關心班級出席率：

全班人數：20，出席人數：19，那出席比率就是 $\dfrac{19}{20}$ 。

即比率 $= \dfrac{部分量}{全部量}$ 。

班級近視率是多少？

全班人數：20，近視人數：11，那近視比率就是 $\dfrac{11}{20}$ 。

班級及格比率是多少？

全班人數：20，及格人數：13，那及格比率就是 $\dfrac{13}{20}$ 。

每個班級的人數都不同，如果我們要比較各班級的比率，有時候比較上會有困難，直接看會看不出來，都需要通分，但分母的變化實在太多了，但大量的通分將造成計算的麻煩。

各個領域會有不同分母的需要，我們先隨意定個分母 100：

例如：

$\frac{11}{20}$ 就是 $\frac{55}{100}$

$\frac{500}{1000}$ 就是 $\frac{50}{100}$

$\frac{1}{3}$ 大約是 $\frac{33}{100}$

這個時候「比較」就變得較容易，計算上也方便些。

若指定分母為 100 時的比率，又被稱為百分率或百分比，

符號上可寫為%，例如 $\frac{11}{20} = \frac{55}{100} = 55\%$

中文是念作百分之 55，英文是 55 percent.

我們把它的字根拆開：
55% = 55 percent = 55 per cent

Per 是每的意思，
Cent 則有 100 的意思，

所以我們翻譯一下：

55% = 55 percent = 55 per cent = 每 100 中的 55。

而在台灣，55%常常被發音成 55 趴，或 55 趴先，這則是使用日文發音
的關係。

在使用上，如果 100 當分母不是那麼的方便，1000 也是一個選擇，符號為‰，這就是千分率了。

舉個例：$\dfrac{33}{1000} = 33‰$

不過這個符號 %、‰，再多下去，這些小圈圈就容易看不清楚了，所以目前大家以這兩個為多，其他的就相對少見了。

但如果分母的需求在 100、1000 之上怎麼辦？

仍有幾個常用的，也常在新聞中看見。

百分率：%
千分率：‰
百萬分率：ppm
十億分率：ppb
兆分率：ppt
我們來查一下英文單字吧！

例如：
2 p.p.m=2 parts per million=每 100 萬中佔了 2 個部分，
即 100 萬分之 2。

2 p.p.b=2 parts per billion=每 10 億中佔了 2 個部分，即 10 億分之 2。

2 p.p.t=2 parts per trillion=每 1 兆中佔了 2 個部分，即 1 兆分之 2。

寫法不同，但意義都是：比率 $= \dfrac{部分量}{全部量}$。

77. 排列數

全家五個人出國旅行，安排到飛機上的座位不同，有些靠窗有些靠走道，路程十幾個小時當中，大家通常會互換幾次位子。

現在要討論是：一共會有幾種換位子的方法？也就是全家人的「交換數」，也就是「排列數」。

這個主題的正式課程編排在高一，但其實這是一個很實用的題目，供參考，想試試看，有沒有可以讓小學生就能理解的方法？

任何一個抽象的項目，只要能夠分層拆解，再充分的具體化，時間對的時候，老師們大概就可以嘗試實驗玩看看，但，別考試呀。

先以小的數字為例。假設這次只有三個人出門，這三人的名字為 1、2、3。

這種情況比較簡單，我們直接把它列出來：123、132、213、231、312、321，交換方法一共有 6 種。

若是人一多，就會比較沒把握可以列出交換數的所有結果，再試一個例子：這次找四個人 1、2、3、4 的排列數。

四個人的情況比較複雜，我先試著分類看看。若指定爸爸坐靠走道位子。

靠走道	中間左	中間右	靠窗
爸爸	媽媽、姐姐、弟弟三人可互換		

座位由左至右是：走道，左，右，窗。

除了爸爸之外，旁邊還有三個位子，就是給媽媽、姐姐、弟弟三人坐，這題和上面情況正好相同，爸爸固定靠走道時，三個人的排列數是 6 種。

但第一個位子不一定是爸爸坐，也有可能是媽媽坐，若是讓媽媽坐靠走道位子，那剩下三個人也是有 6 種交換數。

第一個位子是爸爸，有 6 種變化，是媽媽、弟弟、妹妹，都分別有 6 種變化。

合併起來就是 6+6+6+6＝6×4＝24，意思是四個人的交換情況 24 種。

似乎此時有了解決的方法，我們再把人數提高。

若現在有 5 個人，第一個位置依舊指定爸爸坐。

剩下的四個位子是媽媽、哥哥、弟弟、妹妹，這四個人的交換情況同上，會有 24 種變化。而第一個位置除了爸爸之外，還可以讓大家輪流坐，若是媽媽坐一個位置，剩下 4 個人也是有 24 種變化

所以五個人的交換數會是 24+24+24+24+24＝24×5＝120

我們慢慢找到這個節奏了：6 個人的交換數，是建立在 5 個人的情況上。

六個人的排列數＝120×6

列出一個表

總人數	排列變化	算式
1	1	1 個人只有一種排法
2	2	2 個人可以左右交換
3	6	2×3
4	24	6×4
5	120	24×5
6	720	120×6

如果要再寫得更仔細，表格中 24 的算式 = 6×4，而表格中 6 的算式 6 = 3×2。

也就是說四個人的交換數 = 24，將可以再替換為 2×3×4。
也就是說五個人的交換數 = 120，可寫為 2×3×4×5。

【結論】：10 個人換位子有幾種方法？

總人數	交換數	算式
1	1	1
2	2	1×2
3	6	1×2×3
4	24	1×2×3×4
5	120	1×2×3×4×5
6	720	1×2×3×4×5×6
7	5040	1×2×3×4×5×6×7
8	40320	1×2×3×4×5×6×7×8
9	362880	1×2×3×4×5×6×7×8×9
10	3628800	1×2×3×4×5×6×7×8×9×10

美麗的算式！

另外，再補充由孩子想出的插空隙法。

回到共 4 人坐飛機的情境。

在候機室時，媽媽、姐姐、弟弟三人就已經在規劃座位了，共會有 6 種變化。

爸爸裝好水過來，看到媽姐弟三人已經排成這樣了：

爸爸調皮的說，那我要一下坐這邊、一下坐那邊，在間隔中換來換去。

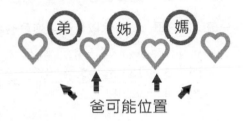

爸可能位置

媽姐弟三人有 6 種變化，每排一種爸爸又來湊熱鬧 4 次，所以共可達成 24 種變化。再細分一樣就是 2×3×4。

若有五人，先讓四人先排，有 24 種了，這時有 5 個空隙，爸爸可以有 5 個位置的跳動，列出來會有 24×5 = 120 種變化，算式也可寫成 2×3×4×5。

也可以作出相同於前一頁的表格了。
10 個人的排列方法 = 2×3×4×5×6×7×8×9×10。

78. 分數除法可以「分母除以分母，分子除以分子」嗎？

這個沒聽過！

只有聽過，分數乘法是分母乘以分母，分子乘以分子。

「分數除法是分母除以分母，分子除以分子」這真的嗎？

我們來舉個例子，$\dfrac{15}{8} \div \dfrac{3}{4} = \dfrac{15 \div 3}{8 \div 4} = \dfrac{5}{2}$，但並不確定？！

我用我們自己的老方法算看看。

$$\dfrac{15}{8} \div \dfrac{3}{4} = \dfrac{15}{8} \times \dfrac{4}{3} = \dfrac{5}{2}$$

答案真的正確耶。

但為什麼會這樣呢？而且課本沒有教。

我們繼續來討論，到底為何 $\dfrac{a}{b} \div \dfrac{c}{d} = \dfrac{a \div c}{b \div d}$ ？

【討論一】算式轉換：

左 $= \dfrac{a}{b} \div \dfrac{c}{d} = \dfrac{a}{b} \times \dfrac{d}{c} = \dfrac{a \times d}{b \times c}$

右 $= \dfrac{a \div c}{b \div d} = (a \div c) \div (b \div d) = \dfrac{a}{c} \div \dfrac{b}{d} = \dfrac{a}{c} \times \dfrac{d}{b} = \dfrac{a \times d}{c \times b}$

左＝右成功

【討論二】倒過來用乘法想：

$$14 \div 7 = ? \qquad 等同是問 \rightarrow \qquad ? \times 7 = 14$$

$$\frac{15}{8} \div \frac{3}{4} = \frac{?}{?} \qquad 等同是問 \rightarrow \qquad \frac{?}{?} \times \frac{3}{4} = \frac{15}{8}$$

而乘法是使用〝分母相乘，分子相乘〞，所以很明顯，分子就是 15÷3，
分母就是 8÷4。

$$即 \quad \frac{15}{8} \div \frac{3}{4} = \frac{15 \div 3}{8 \div 4} = \frac{5}{2}$$

【討論三】

在和孩子的討論中，孩子觀察出改變的規律：

$$\frac{3}{4} \div \frac{3}{4} = 1 \ (自己 \div 自己 = 1)$$

$$\frac{3 \times \boxed{2}}{4} \div \frac{3}{4} = \boxed{2} \ (分子放大為 2 倍，尚會放大為 2 倍)$$

$$\frac{3}{4 \times \boxed{2}} \div \frac{3}{4} = \frac{1}{\boxed{2}} \ (分母放大為 2 倍，商會變為 \frac{1}{2})$$

因為分子放大為 2 倍，商會放大為 2 倍，分母放大為 2 倍，商會變為 $\frac{1}{2}$，

所以 $\quad \dfrac{15}{8} \div \dfrac{3}{4} = \dfrac{3 \times \boxed{5}}{4 \times \boxed{2}} \div \dfrac{3}{4} = \dfrac{\boxed{5}}{\boxed{2}}$

即 $\quad \dfrac{15}{8} \div \dfrac{3}{4} = \dfrac{15 \div 3}{8 \div 4}$。

【結論】
分數乘法是〝分母相乘，分子相乘〞。
分數除法是〝分母相除，分子相除〞。

79. 循環小數

回顧小數的幾種基本分類:

有限小數或無限小數:例如 0.7 和 0.7777777777...

有限小數可分為純小數或帶小數:例如 0.7 和 1.7

而無限小數可分為循環和不循環。

今天我們關注的是:無限循環的小數,例如 0.123123123...

根據我們過去的學習經驗,小數和分數以及除法都有密切的關係,和切

割以及不完整有關,例如,$\frac{1}{2} = 1 \div 2 = 0.5$。

今我們從這個方向為例,試著在這之中找尋循環小數的蹤跡。

分數	除法	小數	分類
$\frac{1}{2}$	1÷2	0.5	有限小數
$\frac{1}{3}$	1÷3	0.333333...	無限循環的小數
$\frac{1}{4}$	1÷4	0.25	有限小數
$\frac{1}{5}$	1÷5	0.2	有限小數

分數	除法	小數	分類
$\dfrac{1}{6}$	1÷6	0.1666666…	無限循環的小數
$\dfrac{1}{7}$	1÷7	0.142857142857…	無限循環的小數
$\dfrac{1}{8}$	1÷8	0.125	有限小數
$\dfrac{1}{9}$	1÷9	0.11111111…	無限循環的小數
$\dfrac{1}{10}$	1：10	0.1	有限小數
$\dfrac{1}{11}$	1÷11	0.090909…	無限循環的小數
$\dfrac{1}{12}$	1÷12	0.8333333…	無限循環的小數

首先和孩子說明一下，雖然我們很習慣使用「…」這個符號，但實際上這個符號在這裡使用，並不精準。例如 0.23… 到底是 0.232323232323 循環，還是 0.2333333333 循環，這點從字面上並不能知道。這並非好的循環記號。

目前有一些不同的記錄方式，但是要有一個原則，就是必須要把循環的節奏能表達清楚。

目前看過幾種寫法，
1. 用線表示循環。例：$0.\overline{142857}$
2. 用兩個點表示。例：$0.\dot{1}4285\dot{7}$
3. 用括號表示。例：0.{142857}

我們任選一種即可，暫以第一種作表達。

例如 $1 \div 7 = \dfrac{1}{7} = 0.\overline{142857}$

不過循環節沒有固定表達法，我們舉個例子：$0.\overline{3} = 0.\overline{33}$

【結論】
想要表達無限且有循環的小數，可使用這個符號，但記錄方式不唯一。

80. 除法、分數、循環小數（一）

關於循環小數，還有幾個主題想討論。

1. 循環節長度有沒有規則？
2. 分數化為小數，有沒有機會變成無限，但是不循環的小數？

【討論 1】

如果是自由隨意寫個循環小數，那當然沒有限制，各種長度循環節都可以。但若這個循環小數是由分數或除法計算轉化過來的，那就有限制了。

這一點尚未解釋，我們先來個例子。

例如 $\frac{1}{3} = 1 \div 3 = 0.\overline{3}$，我在計算之前，一下還不敢保證它會是循環小數，

但是可以確定，若它有循環，它的循環節也不會很長！

那 $\frac{1}{6}$ 呢？我能早些知道它有幾位循環嗎？

答：如果它有循環，不會超過 6 位。

那 $\frac{1}{7}$ 呢？

答：如果它有循環，不會超過 7 位。

這似乎是件很有趣的事，但為什麼？我們來討論證據。

目前我們還不知道 1÷3 的商會不會是循環小數，我先試著寫看看，作個觀察。

透過直式先了解：商會不會有循環？餘數會不會重複？

$$
\begin{array}{r}
0.333333 \\
3 \overline{)1.000000} \\
0 \\
\overline{10} \\
9 \\
\overline{10} \\
9
\end{array}
$$

在此題中，我都看到重複的餘數，那就更單純了，因為必定有重複的商！也因此產生後續的算式，全部都會重複，循環產生。

我們看這個算式。

任何整數除以 3 的時候，算式中餘數的部分：要不是 0，就是 1，或是 2。

為什麼「餘數部分：要不是 0，就是 1，或是 2」，這裡解釋一下，如果 ÷3 的餘數是 3，那就可以再分一次，會餘 0。如果餘數是 4，那更得繼續再除，所以算式中：餘的部分不可能比 2 還要大。

「餘數部分：要不是 0，就是 1，或是 2」，其中如果餘數是 0：代表這個除法除盡了，此時必然答案是有限的整數或小數，並不可能無限。

除盡例如是 20÷4：

$$
\begin{array}{r}
5 \\
4 \overline{)20} \\
\underline{20} \\
0
\end{array}
$$

如果想要讓結果是無限小數，那肯定是因為一直看見「非零」並且「一直」是「不同」的餘數，但，很明顯：餘數的可能性卻是有限制的，即使是除以 100，餘數最多也只到 99。

回到 1÷3，若無法除盡，餘數也只有 1 或 2 兩種可能，也就是在兩個步驟之內餘數一定會重複，餘數因為沒有其他選擇而重複了。一旦餘數重複，商也就沒有選擇，而就開始循環了。

而直式 1÷7，相同道理，若沒除盡，也頂多六步就會循環。循環節最多六位。

$$
\begin{array}{r}
0.142857 \\
7 \overline{)1000000} \\
\underline{0} \\
10 \\
\underline{7} \\
30 \\
\underline{28} \\
20 \\
\underline{14} \\
60 \\
\underline{56} \\
40 \\
\underline{35} \\
50 \\
\underline{49} \\
1\ 重\ 複
\end{array}
$$

而【討論2】，也因此有答案了，餘數必將重複，導致商會循環。

【結論】
除法直式的結果，若以小數來作表達，只有兩種情況：一種是有限小數，算到停了。另一種是：商的小數無限，而且必定循環。分數轉小數沒有「無限又不循環」的可能。

81. 除法、分數、循環小數（二）

接著就剩下一個循環小數的問題要作討論。

是怎麼樣的分數或除法，會變成循環的小數？
又是怎麼樣的分數或除法會是有限小數？

例如我是否能夠不寫出除法直式就知道：

$\frac{1}{2}$、$\frac{1}{3}$、$\frac{1}{4}$、$\frac{1}{5}$、$\frac{1}{6}$、$\frac{1}{7}$、$\frac{1}{8}$ 哪些是有限小數，哪些是循環小數？

可以。主要是看它的分母。

我開個頭，問孩子，什麼是有限小數？

意思是它在小數點後的某一位會停止。

這一位可能是十分位、有可能是百分位、也可能是千分位。

也就是當它變成分數的時候，它必定是十分之幾、或是百分之幾、或是千分之幾，等等。

無限小數，就是一個能表示為 10、100、1000、10000 等等為分母的分數，我暫時稱它為好分母。

於是這個問題就轉變為，$\frac{1}{3}$ 可不可以寫成一個以 10、100、1000 或 10000 為分母的分數呢？

有孩子發現，不行。若擴分過去絕對會失敗。
為什麼？

因為 3 不是任何一個 10、100、1000...等等好分母的因數。

我是怎麼知道的呢？
$10 = 2 \times 5$
$100 = 2 \times 2 \times 5 \times 5$
$1000 = 2 \times 2 \times 2 \times 5 \times 5 \times 5$
...全是 2 和 5 的家族
裡面永遠不會有 3 這個因數，對嗎？

而 $\dfrac{1}{4}$ 呢？

可否改寫成好分母呢？可以，4 的零件是 2×2，並沒有雜質的存在，好分母是可以張開雙手，接受 2×2 擴分過來的。

所以我們再挑選一下，$\dfrac{1}{2} \sim \dfrac{1}{8}$，可以變成好分母的有 $\dfrac{1}{2}$、$\dfrac{1}{4}$、$\dfrac{1}{5}$、$\dfrac{1}{8}$。

看一下 $\dfrac{1}{12}$：

$12 = 2 \times 2 \times 3$ 能不能擴分為好分母→不能，有雜質 3，絕對無法擴分到

10 的家族。所以：$\dfrac{1}{12}$ 必定是循環小數。

最後一題，100 以內的單位分數 $\dfrac{1}{2}$、$\dfrac{1}{3}$、$\dfrac{1}{4}$、$\dfrac{1}{5}$、...、$\dfrac{1}{100}$，有哪些是

有限小數，哪些是循環小數？

有限小數比較少，我直接列出全部共 14 個。這些分母都是：裡面僅由 2 和 5 所組成的，也才能夠進榜。

$\dfrac{1}{2} = 0.5$	$\dfrac{1}{4} = 0.25$
$\dfrac{1}{5} = 0.2$	$\dfrac{1}{8} = 0.125$
$\dfrac{1}{10} = 0.1$	$\dfrac{1}{16} = 0.0625$
$\dfrac{1}{20} = 0.05$	$\dfrac{1}{25} = 0.04$
$\dfrac{1}{32} = 0.03125$	$\dfrac{1}{40} = 0.025$
$\dfrac{1}{50} = 0.02$	$\dfrac{1}{64} = 0.015625$
$\dfrac{1}{80} = 0.0125$	$\dfrac{1}{100} = 0.01$

這 14 個之外，其他都是有循環的小數。

【結論】

一個最簡分數，若分母的質因數是 2 或 5，可化為有限小數，若 2 或 5 之外有其他質因數，則將是化為循環小數。

82. 明年的生日是星期幾？

有位元旦寶寶，出生在 2018 的 1 月 1 日星期一。

那明年他的生日，2019 的 1 月 1 日是星期幾呢？

時間的主題，最主要是要去找到規律。

舉幾個例子作開頭討論，今天是星期一，明天會是星期二，而今天的七天之後又會回到星期一，14 天後也還是星期一，所以我們先要知道 365 天，會有幾個 7 天？

365 連減 7，這是用除法。

$365 \div 7 = 52...1$

明年的 1 月 1 號是過 365 天後，而 365 天是 52 個 7 天再多一天。不過 52 個 7 天不會改變星期數，只有餘 1 會有作用，也就是明年的生日將移動一格，也就是變成星期二。

而如果有經歷到閏年的 2/29 日的話，會再多移動一格。

例如：2016 年的 2/28 是星期日，請問明年 2017 年的生日呢？

答案，星期二。

【結論】
同一個日期的星期數，明年會比今年多 1，或多 2，若有經過 2 月 29 日的話是+2。

83. 十三號黑色星期五

十三號星期五的故事很多，有許多黑色的傳說，我們談一下數學和日期的部分。

第一個問題，13 號星期五很少見嗎？我們來分析一下，一年有幾個 13 號？一年有幾個星期五？會這麼巧有 13 號星期五嗎？

如果 1/13 是星期一，那 2/13 呢？

1/13 到 2/13 共差 31 天，所以先連減 4 次 7 天，還剩 3，所以還要移 3 格，所以星期一會變成星期四。

日期	星期幾	到下個月要隔幾天？	也就是移動幾天
1/13	星期一	31 天	+3
2/13	星期四		

我們來列個表，先以平年來作例子：

日期	星期幾	到下個月要隔幾天？	也就是移動幾天
1/13	星期一	31 天	+3
2/13	星期四	28 天	+0
3/13	星期四	31 天	+3
4/13	星期日	30 天	+2
5/13	星期二	31 天	+3
6/13	星期五	30 天	+2
7/13	星期日	31 天	+3
8/13	星期三	31 天	+3
9/13	星期六	30 天	+2

日期	星期幾	到下個月要隔幾天？	也就是移動幾天
10/13	星期一	31 天	+3
11/13	星期四	30 天	+2
12/13	星期六		

我有看到 13 號星期五，是 6 月份。

來個一般化的結果

日期	星期幾	到下個月要隔幾天？	也就是移動幾天
1/13	星期 x	31 天	+3
2/13	星期 x+3	28 天	+0
3/13	星期 x+3	31 天	+3
4/13	星期 x+6	30 天	+2
5/13	星期 x+8 即 x+1	31 天	+3
6/13	星期 x+4	30 天	+2
7/13	星期 x+6	31 天	+3
8/13	星期 x+9 即 x+2	31 天	+3
9/13	星期 x+5	30 天	+2
10/13	星期 x+7 即 x	31 天	+3
11/13	星期 x+3	30 天	+2
12/13	星期 x+5		

我們看看，x，x+1，x+2，x+3，x+4，x+5，x+6 全都有。

星期	x	x+1	x+2	x+3	x+4	x+5	x+6
共計次數	2	1	1	3	1	2	2

當 x = 1 時：
x+4 = 5，即星期五，會在 6/13。

當 x = 2 時：
x+3 = 5，即星期五，會在 2/13、3/13、11/13。

意思是說，平年之中 13 號星期五，一年會出現一到三次。

再為閏年列個表，只差在 2 月變 29 天。

日期	星期幾	到下個月要隔幾天？	也就是移動幾天
1/13	星期 x	31 天	+3
2/13	星期 x+3	29 天	+1
3/13	星期 x+4	31 天	+3
4/13	星期 x+7 即 x	30 天	+2
5/13	星期 x+2	31 天	+3
6/13	星期 x+5	30 天	+2
7/13	星期 x+7 即 x	31 天	+3
8/13	星期 x+3	31 天	+3
9/13	星期 x+6	30 天	+2
10/13	星期 x+1	31 天	+3
11/13	星期 x+4	30 天	+2
12/13	星期 x+6		

整理：

星期	x	x+1	x+2	x+3	x+4	x+5	x+6
共計次數	3	1	1	2	2	1	2

【結論】

1. 不論平年和閏年，年年有 13 號星期五，每年有一到三次。

2. 若某個文化習俗中，訂 14 號星期四是超級大吉日，同樣的也會年年都有，也是一到三次。

84. 除和除以

文句上的使用，正敘或倒裝，有時略可看出在當時的情境下，使用者可能優先在意的項目是什麼。

8÷2＝4：以下兩種使用時機。

（一）8個蘋果分給2個人，每個人可拿到幾個？
（二）8個蘋果一天吃2個，幾天會清除？

我猜測這個算式，8寫在前面，可能比較在意桌上共有多少東西，更優先想知道一眼下去看到什麼。

也讓我自創一個符號，是更加在乎後面那個2的情境。

2@8＝4
（一）2個人去搶桌上8個蘋果，每個人可拿到幾個？這是強調「2個人」在搶。

（二）一天吃2顆蘋果，那清除完8顆要多久？這是強調一天吃「2顆」。

雖然我們都只是普通的數學學習者，也沒有什麼話語權，但為自己設計一個自用的符號，還是有權利的。

同一個題目：

8÷2＝4→使用者將先看見大畫面。

2@8＝4→使用者將先知道小細節。

先知道什麼，可能也沒有一定的好壞，猜測這只是一個某時空下的習慣，或是選擇而已。

在數學算式中觀察，它是選擇要先看到大畫面，所以它先講 8。

而在中文裡的選擇，是選擇要先看到小細節，也就是它本來是先講 2。

怎麼使用呢？

一天吃 2 顆蘋果，那清除完 8 顆要多久？
或，拿 2 去清除 8 = ？
或，2 除 8 = ？

於是產生算式和中文上有了一些使用落差。一個先寫 8，一個先念 2。

我看著 8÷2 = 4，中文卻是念作 2 除 8 = 4，這可能也不太方便。

於是中文上就出現了變形，也就是看見了倒裝句的版本了。

大約是這樣的理解路徑：

2 除 8 = ？
→拿 2 去清除 8 = ？
→用 2 去清除 8 = ？
→2 去清除 8 = ？
→清除 8 用 2 = ？
→8 清除了用 2 = ？
→8 清除以 2 = ？
→8「除」「以 2」 = ？
→8 除以 2 = ？

這時產生→算式能對應念法的情況。

表達上即：2 除 8→8 除以 2。

而寫 8÷2→念 8 除以 2，這就較為一致了。

「以」，確實有「用」的意思，例如「以攻為守」、「以訛傳訛」。也常出現在倒裝使用，例如「還以顏色」、「一以貫之」。建議小六老師在國語搭配數學課，可以交叉介紹。但是古文閱讀若對孩子建構不易，可待國中處理，或不處理。

【結論】

8 除以 $2 = 4$	8 用 2 清除→需 4 次。
2 除以 $8 = \dfrac{1}{4}$	2 用 8 清除→需 $\dfrac{1}{4}$ 次。
2 除 $8 = 4$	2 清除 8→需 4 次。
8 除 $2 = \dfrac{1}{4}$	8 清除 2→需 $\dfrac{1}{4}$ 次。

85. 身分證號碼的秘密

我們都有一些經驗，在網路上註冊帳戶的時候，網頁都會要我們輸入身分證字號，於是我們就會隨便亂打一組數字，例如 A000000000，但是會立刻跳出一個警示框，說輸入錯誤。

難道身分證字號是有規則的嗎？

會和國小孩子談這個問題，是因為正好裡面有社會課的部分，以及數學的四則運算，孩子目前沒有身分證，若有需要可以用以健保卡來替代。

能夠作延伸討論的學習很多，坦白說上課的效果挺不錯的，只是需要叮嚀孩子，亂用他人的身分證號是違法行為。

孩子們：廚房有刀，是拿來切菜的，頭腦裡有知識，是用來助己、助人的。不好的事情都不能做喔。

首先我們以一個新聞中作例子。引用自 2010/4/1 自由時報網站。

〔記者吳為恭、曾韋禎／綜合報導〕家住台中市，但戶籍在彰化市的李姓女嬰，電腦配賦身分證統一編號為 N226605438（台語讀音宛如「零零落落（你）我是三八」），家長向彰化市戶政所申請改號，獲內政部同意，李父說，感覺很欣慰，也慶幸孩子一輩子不必為不雅的諧音代號所困。
李姓女嬰出生於今年二月十日，家長到彰化市戶政所辦理出生登記，身分證編號前四碼及後四碼分別是二二六六（台語唸法成了「零零落落」）及五四三八（台語唸法成了「我是三八」），雖然中間隔了一個〇，但唸起來就是怪怪的。李父擔心女兒身分證編號太不文雅，未來可能成為別人開玩笑的題材，向戶政所要求重新配賦身分證編號。

這是一個身分證的例子，先讓孩子試著自己來作一些觀察。

1. 孩子說這是 1 個英文字母，搭配 9 個數字的組合。
2. 目前看不出有任何規則。
3. 一人一個身分證號，號碼若太短會不夠用，台灣需要準備到 3000 萬人使用。大陸有超過十億人，孩子猜測大陸的身分證號碼會長一些。
4. 英文字母有 26 個，可能代表某些分類，但分類應該不會太細，否則 26 個字母也將不夠使用。

老師此時慢慢把規則說清楚：

1. 前面的英文字代表戶籍登記地。我們把表格列在後面。
2. 第一個數字若是 1 則為男性，2 為女性。
3. 以前身分證確實沒有那麼長，是一個英文配上 8 個數字。當時沒有規則，也容易抄錯、記錯，結果曾造成糾紛，甚至冤案。進入電腦時代，多一碼是用來建立四則運算機制，避免輸入錯誤，新增的這一碼又稱檢查碼。
4. 先將英文字母也轉換成數字，就可進行四則運算的介紹。

地點	台北市	新竹縣	高雄縣	台中市	苗栗縣	屏東縣
英文數字	A=10	J=18	S=26	B=11	K=19	T=27

地點	基隆市	台中縣	花蓮縣	台南市	南投縣	台東縣
英文數字	C=12	L=20	U=28	D=13	M=21	V=29

地點	高雄市	彰化縣	金門縣	新北市	新竹市	澎湖縣
英文數字	E=14	N=22	W=32	F=15	O=35	X=30

地點	宜蘭縣	雲林縣	陽明山	桃園縣	嘉義縣	連江縣
英文數字	G=16	P=23	Y=31	H=17	Q=24	Z=33

地點	嘉義市	台南縣				
英文數字	I=34	R=25				

社會課的部分，老師也可以備課，慢慢切入介紹。

1. 編號 Y 是陽明山，但奇怪陽明山怎麼是一個縣市？
2. 台北縣何時變新北市？
3. 縣市合併讓哪些縣市單位不見了？
4. 英文字母 I 和 O，因為太像數字，所以留到最後才使用，誰是 I 和 O 呢？

這裡先回到四則運算，仍以 N226605438 為例。

根據表格，N=22，所以 N226605438 就是 22226605438 共 11 個數字。而規則是，先分別把這 11 個數字，指定乘以不同的數字，這些數字是一個約定，實際如下表所列，乘完之後再相加，個位必須要是 0，若不是零，這組號碼就是錯的，所以確實會增加檢查的功能，一不小心輸入錯誤，或是故意輸入錯誤，會增加被篩選出來的機會。

身分證號	2	2	2	2	6	6	0	5	4	3	8
指定乘以	1	9	8	7	6	5	4	3	2	1	1
答案	2	18	16	14	36	30	0	15	8	3	8

我們把答案加起來，但其實只需要加個位即可，檢查看看答案個位是不是零呢？

2+18+16+14+36+30+0+15+8+3+8，和的個位是零沒錯。

這套方法也出現在其他類似時機，也就是擔心輸入錯誤的時候，例如：信用卡號碼。但這個主題學生較陌生，也有風險，就由老師們斟酌安排。

先專注身分證部分，我們可以再作些延伸，以下這些都是我在課堂經過討論的新聞例子，我看見孩子皆十分投入。

【題目一】
過去有張很特別的身分證：Y10000001，若這張身分證經歷增加檢查碼的時期，那麼第十碼是什麼數字？我暫以 x 代替。
Y10000001x

答案是 9，即 Y100000019，大家檢查看看，這題很適合心算。

【題目二】
現代也有一張很酷的身分證，這位是謝先生，因為他的號碼常被仿冒，經常被呼喚去警察局和法院。

他的號碼是 A123456789，好酷！來檢查吧。

真的正確！

引用：東森新聞 CH51 發佈日期：2016 年 7 月 29 日
新北市一名謝先生，因為身分證字號是「A123456789」，號碼特殊好記，被朋友取了外號「一條龍」，但也因為這「一條龍」，讓他常在辦理文件時被懷疑是假的身分證號碼，甚至成為公家機關紅人，因為常被歹徒冒用來訂票、辦卡，光是收到的法院傳票，就有數十張。

【題目三】
有對情侶的身分證號碼，除了戶口地英文，和性別碼不同之外，其餘 8 碼一模一樣，孩子，你能發明一對男女情侶號碼，也有這樣厲害的愛情組合嗎？

引用 2016/2/3 蘋果日報【黃揚明／台北報導】
真有命中注定的愛情！一位施先生上周意外發現與女友的身分證字號末八碼一模一樣，他前晚把兩人身分證照片貼上臉書，並貼文「這真是太神奇了！真愛密碼！」朋友紛紛留言祝福「天作之合！」「娶了啦！」數學老師分析，任兩個人身分證字號末八碼完全一樣的機率是一億分之一，兩人還是情侶就更難得。

【題目四】

中國大陸的身分證號碼是 18 碼，前六位是地區碼，再八位是出生年月日碼，再三位數字是同地區的出生順序，而最後一位是檢查碼。

例如：110102197810272321，其中 110102 是代表北京市西城區，19781027 出生於 1978 年 10 月 27 日。232 是出生序，而偶數亦有意義，代表此人是女性。最後一位是檢查碼，這也是一種四則運算的安排。但因規則類似就暫不列出。

86. 梯形面積公式的新想法

梯形的面積公式是由平行四邊形切兩份而來。這個公式孩子都有印象。

（上底＋下底）×高÷2。

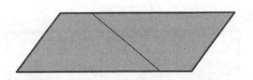

但也還有一些全等形狀，上下對扣二合一後，也會是平行四邊形。

讓孩子先想，誰二合一後，也會是平行四邊形？

也就是說，平行四邊形可以切成什麼形狀？且是兩個全等的形狀。

答案：

1. 平行四邊形→可能切兩全等的梯形。
2. 平行四邊形→可能切兩全等的平行四邊形。

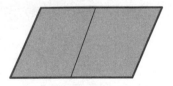

3. 平行四邊形→可能切兩全等的三角形。

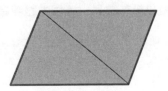

4. 平行四邊形→可能切兩全等的正方形。

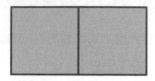

5. 平行四邊形→可能切兩全等的長方形。

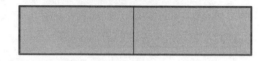

6. 平行四邊形→可能切兩全等的樓梯形
   （暫稱樓梯形，也就是等差數列）

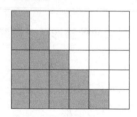

觀察這幾張圖：

梯形、平行四邊形、三角形、正方形、長方形、樓梯形，都可以用梯形公式：

（上底＋下底）×高÷2。

都帶孩子各用梯形公式跑一題看看。

其中這個樓梯形，也就是等差數列，這個主題較為陌生，建議老師多帶孩子排幾次教具。

舉個例子。1+2+3+4+5+...+10 = ?

共有多少格？（10+1）×10 = 110
紅色部分 110÷2 = 55

1+2+3+4+5+...+100 = ?
總和 =（上底+下底）×高÷2 =（1+100）×100÷2 = 5050。

87. 關於 3.14 的乘法

六年級上學期的課本裡面，有兩個單元和圓有關。一個是找圓周長，另一是圓面積，學完之後孩子發現，其實各只是一個公式，不算太難。

共花了近一個月的時間學的這兩個公式，我們預測學習情況應該是沒太大問題，但事實上不然，這個單元孩子答得並不好。

研究一下原因，發現觀念問題佔一小小部分，切割變形後的複合圖形再佔一部分，而大部分孩子被扣了 15 分的原因，卻是因為計算錯誤。

沒錯，是卡在 3.14 上。

我們試著分析一下這兩個公式：
周長 = 直徑×3.14
面積 = 半徑×半徑×3.14

反過來的情況也有，若已知周長，要問直徑和半徑，這時需要除以 3.14。我們來觀察一下無論是乘以 3.14，或是除以 3.14，計算上其實有一些共通性。

舉個例：半徑 = 37，求圓周長和面積？

周長：37×2×3.14
面積：37×37×3.14

利用交換律我把算式改成：
周長：3.14×37×2=3.14×74
面積：3.14×37×37=3.14×1369

我們看一下它的乘法直式，暫時忽略小數點。

$$
\begin{array}{r}
3\ \ 1\ \ 4 \\
\times \quad\ 7\ \ 4 \\
\hline
314\times4 \\
314\times7 \\
\end{array}
$$

$$
\begin{array}{r}
3\ \ 1\ \ 4 \\
\times \quad\ 7\ \ 4 \\
\hline
1\ \ 2\ \ 5\ \ 6 \\
2\ \ 1\ \ 9\ \ 8\quad\ \\
\hline
2\ \ 3\ \ 2\ \ 3\ \ 6 \\
\end{array}
$$

所有情況，拆開之後只有 9 個題目，都是 314 的乘法，即 314×1 一直
到 314×9。

除法，也舉個例子，圓周長 175.84 公分，求直徑？

我們看個算式：帶孩子寫寫看直式。

175.84÷3.14

意義上，也只是需要這 9 個乘法。

我們把道理講給孩子知道，試著整理過一次，這樣對孩子來說，計算就
不緊張了一些。

【結論】

這只是小技巧，中後段切入，慢慢再分享給孩子，這可簡化一些計算的煩躁問題。

請孩子填上，並略作熟悉。

314×1 = 314
314×2 = 628
314×3 = 942
314×4 = 1256
314×5 = 1570
314×6 = 1884
314×7 = 2198
314×8 = 2512
314×9 = 2826

88. 「打九折」和「加一成服務費」的抵銷

現今有許多餐廳都會加收一成服務費，有時再配合信用卡公司的活動，偶而會有總金額打九折的優惠。

大家可能都有經驗，我個人也不止一次遇見，餐廳的老闆說：「一成是多收 10%，而打九折是減少 10%，為了給客人方便，就直接抵銷」。或是沒解釋直接標註說：「打九折就是免收服務費」。

大家怎麼思考這個問題？我們舉個實例討論一下。

牛排一份 1000 元，加一成，再打九折是多少？

$1000 + 1000 \times 0.1 = 1100$
$1100 \times 0.9 = 990$。

而老闆說的直接抵銷呢？

就是直接算 1000 元。

但是這樣，其實消費者虧錢了，老闆怎麼說是為了給客人方便？

我們雖然不喜歡吃虧或被欺騙，但其實我們打從心裡面隱約也覺得老闆說得也沒錯，只是答案怎麼算出我們吃虧了？

老闆說：「加 10%、減 10%，所以抵銷」。

為什麼這樣會有問題？

舉個例子給孩子實驗一下：有兩校要作校際交流，同步各交換 10%的學生去對方學校上課，請問準備營養午餐人數和量，需不需要作增減？

「加 10%、減 10%，所以抵銷了」？？

孩子好像感覺出錯誤點了，請孩子發表。

如果一間是大校，全校 1000 人，一間是小校，全校共 10 人，各交換 10%，怎麼可能維持一樣多？

10%是一個率，並不是一個實際量，實際上是多少，要看它的基準是多少決定。

我們重複一下老闆說的話：：加 10%、減 10%，所以抵銷了。
第一段要加一成的基準量是：牛排錢 1000，
第二段要打九折的基準量是：牛排及服務費 1100。

這就是一間大校，一間小校的情況，這是比率一樣，並非實際量一樣。

【結論】
打九折和一成服務費不可以抵銷，抵銷對消費者不利。

89. 加服務費怎麼算?

關於服務費我們舉一個例子:

假設一客牛排 600，再服務費一成，請問一共多少錢？

我們回顧一下算式：600+600×0.1

餐廳的服務生若是使用計算機記帳，要特別小心一點，計算機一般是不會先乘除後加減的，它照順序計算，所以當我們按 600+600×0.1，它會誤會成(600+600)×0.1，答案只剩 120 元，連本來牛排的錢都不到。收銀人員這下還要賠錢了。

事實上這個主題已有進一步的討論，按計算機也會方便一點。這段過程中會使用到分配律。

600+600×0.1
=600×1+600×0.1
=600×(1+0.1)
=600×1.1

意思是想加一成算總價，只要把原來的消費乘以 1.1 就好。

在此也介紹一個沒有計算機的時候簡易心算法。

360 元加一成，根據上面已經討論的方法是 360×1.1 = 396。

現在要補充的這個方法，是從直式中觀察出來的。

回顧一下小數乘法，第 27 篇，例如要計算 360×1.1，我們都會先用360×11 代替，之後再修正回一位小數。

所以我先直接用 360×11 討論

$$
\begin{array}{r}
3\ 6\ 0 \\
\times\quad 1\ 1 \\
\hline
3\ 6\ 0 \\
3\ 6\ 0 \\
\end{array}
$$

只是從大家看出來算式中的第一層和第二層數字是一樣的
只是它錯開

$$
\begin{array}{r}
3\ 6\ 0 \\
3\ 6\ 0\quad \\
\hline
\underline{3}\ \underline{3+6}\ \underline{6+0}\ \underline{0}
\end{array}
$$

也就是說未來要計算 360 乘以 11

3 ‧ (3+6) ‧ (6+0) ‧ 0 →3960

再修正一位小數，所以答案是 396。
意思是說，頭尾兩位不動，讓其他相鄰的兩位相加，有時會進位，計算
小心些。

再一個例子：524 加一成→5 (5+2) (2+4) (4) →5764→576.4

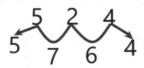

【結論】
加一成算總價，只要把原來的消費乘以 1.1 就好。另外有補充個心算的
方法，大家參考著使用。

90. 折扣與服務費的順序

1. 先打九折再加服務費，或是先加服務費再打九折，有無差異？
2. 先打八折再打九折，或先打九折再打八折，有沒有差異？
3. 九折再八折等於是幾折？

1.　由算式思考看看，假設牛排 1000 元。
　　1000×0.9×1.1
　　1000×1.1×0.9

　　這就是交換律，打九折再加服務費，或是先加服務費再打九折，答
　　案相同。

2.　1000×0.8×0.9
　　1000×0.9×0.8
　　所以情況同上一樣，因為交換律，故答案相同

3.　九折再八折，想知道折扣的合成。

　　即 1000×0.9×0.8＝1000×？。此時？是那個折扣。

　　這時使用結合律：1000×0.9×0.8＝1000×(0.9×0.8)＝1000×0.72

　　九折再八折變成：七二折。

　　練習：八折再七折變成：五六折。

【結論】
折扣可交換順序、也可合成。

91. 買一送一是打幾折？

什麼是折扣？

折扣代表便宜賣，但是怎麼表達？數學上得建立一種數據化的表達方法。

折扣，定為一種付費比率。

就像是近視率一樣，全年級 100 人有 70 個人近視，近視率就是 70%。

而付費比率，例如原價 100 元，售價 70 元，實際付費比率就是 $\frac{7}{10}$，這種付費比率稱為打七折。

我們來列一個表

折扣	付費比率	百分率	小數	去除部分
9 折	$\frac{9}{10}$	90%	0.9	10% off
8 折	$\frac{8}{10}$	80%	0.8	20% off
95 折	$\frac{95}{100}$	95%	0.95	5% off
85 折	$\frac{85}{100}$	85%	0.85	15% off

所以什麼是買一送一？

代表我一共喝了兩杯咖啡，但是實際只給付了一杯的錢，付費比率是 $\dfrac{1}{2}$，

也就是 $\dfrac{5}{10}$，五折。

舉幾個例子

買幾送幾	喝幾付幾	付費比率	折扣數
買 1 送 1	喝 2 付 1	$\dfrac{1}{2} = 0.5$	5 折
買 2 送 2	喝 4 付 2	$\dfrac{2}{4} = 0.5$	5 折
買 3 送 1	喝 4 付 3	$\dfrac{3}{4} = 0.75$	75 折
買 3 送 2	喝 5 付 3	$\dfrac{3}{5} = 0.6$	6 折
買 9 送 1	喝 10 付 9	$\dfrac{9}{10} = 0.9$	9 折
買 10 送 1	喝 11 付 10	$\dfrac{10}{11} \fallingdotseq 0.91$	約 91 折

類似的還有：飲料第二件六折。

我們想先問的是：這種情境是喝幾付幾？

答：第一杯全額，第二杯付了 60%。

即：喝 2 付 1.6，付費比率 $\frac{1.6}{2}$，擴分為 $\frac{8}{10}$，也就是八折。

舉幾個例子：

第幾件幾折	喝幾付幾	付費比率	折扣數
第二件 2 折	喝 2 付 1.2	$\frac{1.2}{2}$	6 折
第三件 1 折	喝 3 付 2.1	$\frac{2.1}{3}$	7 折

【結論】
無論商業上促銷用詞是什麼？都要能夠拆解開來，回歸：折扣就是付費比率。

同時告訴孩子，未來轉換身份，我們可能也會擔任企劃折扣的角色。

92. 幾則電視上常見的數學問題

【新聞標題】

1. 新聞報導，一個有名的歌星，在網路上放了自己的新專輯主打歌，才短短一天點閱率突破 300 萬。

2. 新聞報導，農村的房價飆漲，由過去一坪 10 萬，今年變成一坪 100 萬，整整增加了 10 倍。

3. 新聞報導，捷運徵人競爭激烈，1 個職缺居然來了 100 個人應徵，錄取率只有百分之一趴。

4. 新聞報導，某麵店週年慶促銷，紅燒牛肉麵原價 119 元，算整數 100，只限今天。

5. 新聞報導，因霸王級寒流來襲，今天逛夜市人數減少了 3 倍。

【討論】

1. 比率我們已經提過，就像近視率、出席率。就算全世界都近視，近視率也才 100%，也就是 1。點閱率不可能 3000000。揣測新聞記者想講的是點閱次數。

2. 從一坪 10 萬變成 100 萬，是增為 10 倍。若想用「增加」表達，那麼會是：增加了 9 倍。

3. 1% = 百分之一 = 1 percent = 1 趴 ≠ 百分之一趴
一般人說的趴，是 percent 的意思，和日文發音有關。
所以百分之一趴，是 1/100%，也就是一萬分之一。小心別誤用了。

4. 奇怪，119 不是整數嗎？

5. 假設昨天逛夜市有 1000 人，1000 的 1 倍是 1000，所以減少 1 倍是什麼意思？代表減少 1000 人，也就是逛夜市人數：0 人。

那，什麼是減少 3 倍？是的，很可怕，大家翻頁，不要問。

93. 怎麼共享火車座位？

上火車每人都需要一張票，但是不一定能買到坐票，連假期間有時都得一路站到下車。

有次出門，全家 6 個人只有搶到 2 張坐票，另 4 張是站票，一路從台北搭到新竹 2 小時路程，大家只能輪流坐著休息，以公平來說，一人可以坐多久？得站多久？

這是一個很日常的問題。

類似的問題還有，6 個同學只有兩個棒球手套，輪流作傳接球練習，一共兩個小時的時間，每個人平均練習時間多少？

6 個人在一個 4 人雙打的羽毛球場上，場地一共租了 3 個小時的時間，平均每個人上場時間多少？

6 個員工輪流負責收銀台，晚班共 4 小時，收銀台有 5 台，請問平均每人共有多少工作時間、休息時間？

這些題目的核心都是相同的，就是如何共享？讓我們來思考公平分配。

以火車票為背景討論。

我們先簡化問題。
1. 搭車人數：2
   坐票數目：2
   路程：60 分鐘。

   問每人坐多久？

   這題坐票數十分足夠，所以每人時間完整：60 分鐘。

2. 搭車人數：2
   坐票數目：1
   路程：60 分鐘。

   問每人坐多久？

   這題坐票數目不足，所以每人時間：小於 60 分鐘。

這題孩子可能都答出來了，答案是 30 分鐘，我們要想辦法「在基礎的時候」讓孩子有空間把想法說清楚：一下子就丟很抽象的東西，孩子就會不能或不願意把嘴巴打開了，有一個簡單的開頭，這對進行複雜化的分析是比較好的基礎經驗，也就是老師在等待的切入點。

孩子說，就是一人一半。

是什麼一人一半？

孩子說，時間一半，或權利一半。

什麼時間一半？
孩子說路程時間一半。

什麼權利一半？
孩子說椅子一人坐一半。

太好了，只要讓孩子願意在情境中開口和對話，便達成啟動思考的契機。

3. 搭車人數：3
   坐票數目：1
   路程：60 分鐘。

   問每人坐多久？

   答：$\frac{1}{3}$ 時間和權利：是 20 分鐘！

4. 搭車人數：3
   坐票數目：2
   路程：60 分鐘。

問每人坐多久？

這題我們更加放慢速度，和孩子對話。

路程時間有多長？60 分鐘。

幾個人？3 個人。

一人分到 20 分鐘，這是一張椅子，可是這次有兩張椅子，我第一張椅子沒坐到的時候，我還可以去坐另一張啊！意思是時間同步有兩份在發展。

$60÷3×2＝40$ 分鐘

我們討論深入一些，再試著理解看看這些類似的算式。

（1）　　$60×2÷3＝40$ 分鐘

（2）　　$60×\dfrac{2}{3}＝40$ 分鐘

（3）　　$60÷3×2＝40$ 分鐘

看到這些算式，雖然答案都一樣，但和孩子討論看看，有沒有一些自己講解的方法？以下是孩子想過的一些解釋，我列出供大家參考。

（1） $60 \times 2 \div 3 = 40$ 分鐘

我們現在是想要知道一個人可以有多少的休息時間？若以椅子為主角，那麼就是在問，椅子你可以提供多少的服務時間？我再去分給人。

以這題來說，一張椅子的上班時間是 60 分鐘，兩張椅子共是 120 分鐘，再分給 3 個人。所以算式就是 $60 \times 2 \div 3 = 40$ 分鐘。

（2） $60 \times \dfrac{2}{3} = 40$ 分鐘

一共有三張票，其中兩張是坐票，所以每人在路程之中擁有座位權利的比率是 $\dfrac{2}{3}$，全程有 60 分鐘，而 60 的 $\dfrac{2}{3}$ 是 40 分鐘。

算式是 $60 \times \dfrac{2}{3} = 40$ 分鐘

（3） $60 \div 3 \times 2 = 40$ 分鐘

這是和原解重複的算式，但有孩子討論出相同算式的不同理由。

三位乘客我叫他 ABC，現有兩張座位，我們想這兩個位子上，會有哪些乘客的搭配狀況？

答案：要不是 AB、BC，就是 AC。

而 AB、BC，AC 這三種狀況會公平的出現。

→60 分鐘除以 3 組公平出現，所以一組會上台 20 分鐘，而 A 在頭兩組中都有出現，所以時間×2。

合併 60÷3×2＝40。

【結論】
搭車人數：X
坐票數目：Y
路程：Z 分鐘。

問每人坐多久？

Z÷X×Y

94. 越加越大嗎？

【越加越大？】
不一定，例如：$8+(-1)=7$

【越減越小？】
不一定，例如：$8-(-1)=9$

【越乘越大？】
不一定，例如：$8×0.5=4$

【越除越小？】
不一定，例如：$8÷0.5=16$

95. 加減法可以從高位去作嗎？

【加法】

加法是計算總量，先加多的量，和加少的量並沒差異，學校教我們是要從個位加，也就是最低位，今天讓我們試著先從高位加看看。

例如 543+321

我們從百位開始動作。

5+3 = 8
4+2 = 6
3+1 = 4

864

不過這題是因為沒有進位的關係，才會這麼簡單。

要是有進位的情況呢？

654+239 = ？

$$\begin{array}{r} 6\ \ 5\ \ 4 \\ +\ \ 2\ \ 3\ \ 9 \\ \hline \end{array}$$

一眼望下去，可以看出個位會進位到十位。

依然試著從最高位看。

6+2 = 8
5+3+1 = 9（+1 是因為已經知道要進位）
9+4 剩 3

所以答案是 893

這個方法並不是說極好，而是似乎真的不需要紙筆，就可以直接唸出答案。

相較起來，從個位算起的話，答案會不太好記，也比較需要紙筆。

再來一題更複雜一些呢？

987+654

$$
\begin{array}{r}
9\ 8\ 7 \\
+\ 6\ 5\ 4 \\
\hline
\end{array}
$$

觀察是每一位都要進位，

一樣從高位，用看的。

9+6 + 1 = 16
8+5 剩 3，再+1 = 4
7+4 剩 1

答案 16...4...1

是 1641。

即使是這題，幾乎可以用看的，不用紙筆勉強可以作。

課本教的方法或許才是慣例，只是我自己在想，加法得從低位寫算式，但答案卻是從高位開始念，才想能不能反過來作，看來是可以的。

孩子們可以參考。

【減法】

減法我就比較沒有把握，先來一題不要借位的。

987–123

$$9 \quad 8 \quad 7$$
$$- \quad 1 \quad 2 \quad 3$$

9–1 = 8
8–2 = 6
7–3 = 4

沒借位的無所謂，再來一題借位的。

982–423 = ?

$$9 \quad 8 \quad 2$$
$$- \quad 4 \quad 2 \quad 3$$

9–4 = 5
8–2 = 6，再–1 提早借位 = 5
個位 12–3 = 9

答案：5...5...9
是 559

好像還可以。

只要可以用看的，就出答案，在生活中確實方便很多。

最後一步，若是要很多次借位的呢？

952-666 = ?

$$9 \quad 5 \quad 2$$
$$- \quad 6 \quad 6 \quad 6$$

先觀察出要借位兩次

9 先借位變 8，再-6 = 2
5 也借位出去變 4，剛才也跟人借 10，所以是 14-6 = 8
最後個位就是 12-6 = 6

答案：2...8...6
是 286。

試個一兩次，真的可以看出來，大家嘗試看看。

最後一題：
2000-123 = ?

$$2 \quad 0 \quad 0 \quad 0$$
$$- \quad 1 \quad 2 \quad 3$$

要借三次。

2-1 = 1
10-1-1 = 8
10-1-2 = 7
10-3 = 7

是 1877

【結論】
從較高位開始作加減法，只要專注，進退位再小心一些，問題就不是很大。比起非得動紙筆寫進退位來說，心算便利一些，供參考。

96. 乘除法可以不要照規定算嗎？

1. 【帶分數乘法：我可以不要換假分數嗎？】

可以。

$3\frac{2}{3} \times 4\frac{4}{5}$，用乘法定義直接出動。

$= 3\frac{2}{3}$ 拿 $4\frac{4}{5}$

慢慢拿，3 拿 4 次，3 拿 $\frac{4}{5}$ 次，$\frac{2}{3}$ 拿 4 次，$\frac{2}{3}$ 拿 $\frac{4}{5}$ 次，再加總答案即可。

$= 3 \times 4 + 3 \times \frac{4}{5} + \frac{2}{3} \times 4 + \frac{2}{3} \times \frac{4}{5}$

$= 12 + \frac{12}{5} + \frac{8}{3} + \frac{8}{15}$

$= 17\frac{3}{5}$

和使用假分數乘法時相同

$$\frac{11}{3} \times \frac{24}{5} = \frac{88}{5}$$

2. 【小數乘法：我忘記到底要不要對齊小數點？】

課本說要貼齊數字右側，但其實對小數點也可以。

例如 $2.73 \times 1.2 = ?$

```
      2. 7 3
  ×     1. 2
      5 4 6
    2 7 3
    3. 2 7 6
```

若貼齊小數點，變成 $2.73 \times 1.20 = ?$

```
      2. 7 3
  ×   1. 2 0
            0
      5 4 6
    2 7 3
    3. 2 7 6 0
```

可以，對齊就多一位，等一下一樣劃掉，沒差。

3. 【分數乘法：我忘記要不要通分再乘？】

課本說直接乘不通分，不過其實都可以。

直接乘：

$$\frac{2}{3} \times \frac{5}{7} = \frac{10}{21}$$

若通分再乘：

$$\frac{2}{3} \times \frac{5}{7} = \frac{14}{21} \times \frac{15}{21} = \frac{210}{441} = \frac{10}{21}$$

可以，擴約分而已，沒差。

4. 【分數除法：我忘記要不要通分？】

都可以。

例如 $\frac{2}{3} \div \frac{5}{7} = ?$

若直接算：

$$\frac{2}{3} \div \frac{5}{7} = \frac{2}{3} \times \frac{7}{5} = \frac{14}{15}$$

若通分再算：

$$\frac{2}{3} \div \frac{5}{7}$$

$$= \frac{14}{21} \div \frac{15}{21}$$

$$= \frac{14}{21} \times \frac{21}{15} \quad （可約分 21）$$

$$= \frac{14}{15}$$

可以，也是擴分約分，沒差。

【結論】
在學習面前，不太談規定，說的是道理。

97. 請問 16-7＝？

16-7＝？這是要退位的情況，給孩子幾個不同的方法思考。

【方法一】

直式借位

```
        10
     1̶  6
   -    7
        9
```

【方法二】

16-7＝？

7 太大導致於不夠減，那把 7 拆開，拆成 6 和 1

變成 16 去扣 6，再扣 1＝10-1＝9

【方法三】

16-7＝？意義是說 16 比 7 大多少？

以 10 為分界，16 比 10 大 6，10 又比 7 大 3，合併差距為 9

298

【方法四】

16-7 = ?

16 的個位 6 太小導致於不夠減，那假裝是 17，先吹個牛，但之後要還 1。

17-7 = 10，10-1 = 9。
吹牛會好算很多。
再舉個例
12-8 = ?

吹牛吹多少？要吹到夠減為止，至少要到 18，才好減 8。
不夠多少？8-2 = 6，不夠 6。
所以吹牛完要還多少？還 6。
12-8 用 18-8 想，但是要還 6。

整理一下 12-8 流程：
8-2 = 6
10-6 = 4

練習：15-7 = ?

7-5 = 2，再找 2 合成十的答案，是 8。

先大-小，7-5 = 2
找 2 的合十伙伴 = 8

【結論】
數的領域，雖然比較枯燥，但是盡量多幾種方法給孩子思考。這些方法都挺好心算，可以給孩子多一點思考刺激。溫柔對待孩子的腦，會慢慢發現孩子越來越喜歡想，越來越喜歡數學，這一點，就是數學老師的最高成就。

98. 假分數的存在

到這邊作個分享，關於帶分數和假分數。

學生發現，為什麼帶分數和假分數經常在作互換？其實不是因為題目愛整學生，一直要求換來換去，而是它們有各自的特色、專長。

帶分數重點在於量的理解和估計，一聽到帶分數就知道大約量有多少，而假分數的份量就很模糊。但假分數在計算上有很強的功能，加減乘除都有對假分數的依賴，相對於帶分數的計算，就不是那麼便利。

所以既然各有意義，我們要鼓勵孩子，跟帶分數、假分數都要當好朋友，不要太排斥它們某一個，互換也要熟練些。

雖然假分數在中年級已經引入，但並不太容易內化，到了五年級後，孩子抽象能力較為成熟了，而且計算也慢慢的看到例子，再引導一次帶分數、假分數的特色和優缺，孩子在觀念內化上將會更上一層樓。

99. 乘法交換律 8×3=3×8

【8×3 是什麼？】

我很建議初行乘法教學的時候，要先建立剛性結構，也就是文法。

所以 8×3 是什麼？就是 8 拿 3 次，也就是 3 個 8。

例如 8 個蘋果拿 3 次。具體物就是這樣：

剛開始先要求剛性結構，不可亂換亂寫。

等階段性目標完成後，若有機會再作第二次建構，此時就要再作深入討論和變化。

階段性目標的設立和堅持，經常是老師極大的挑戰，有時得要抵抗的住一些壓力。事先可與家長溝通，獲得信任會是一個好方法。

【為什麼 8×3=3×8？】

8×3=24
3×8=24
因為答案一樣。

但答案一樣，代表算式就可以自由選擇嗎？22.5+1.5 也是 24 啊。

算式代表的是思維，8 個蘋果拿 3 次，算式寫 22.5+1.5，答案也會對，但這思維暢通嗎？8 個蘋果拿 3 次和 22.5+1.5 有關連嗎？除非有人能寫出道理來！

但 8×3=3×8 倒是可以讓孩子試試，只要找到有通順的講解，我們就可以接受。

想模糊化或作定義的修改，都是先有深入的討論為基底，也非毫無秩序。

言歸正傳，8×3=3×8，除了答案相同之外，要怎麼深入解釋？算式可以在意義上相互替代嗎？

【關於文法的再解釋】

8×3 我先依照規定解釋為：一盒蘋果有 8 個，共拿 3 盒，請問共有幾顆？

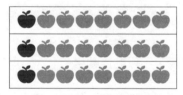

假如這三盒的包裝左側淋到一些雨，因為怕蘋果壞掉，改從盒子左方三個開口處先取出，一次拿直的三顆，再慢慢往右，而一次三顆的算式是：

3+3+3+3+3+3+3+3 = 3×8

於是 8×3=3×8，我們有了意義上的串連，乘法本來的文法被軟化了，所以未來「幾×幾」的算式，我都可以自由互換，並且有所基礎。

另外也提供一個方法給孩子參考，同樣是在問為什麼 8×3=3×8？

這也是用視覺和次序來協助解釋。

8×3 算式的使用者，可能是先看到一盒蘋果有多少顆，次要才去看桌上有幾盒。

而 3×8 的使用者，他可能是先看到 3 個包裝盒，接著才去數一盒裡面有 8 顆，再作 8 倍的累積。

第一盒
第二盒
第三盒

這兩者結果相同，只是思維順序不同。

【結論】

乘法有交換律，可由答案發現，或從意義上去探討。經過討論的團體，都可以自由運用，否則建議階段性維持原始規定。但仍舊要視教學團體屬性而定。

100. 除以零

【情況一】

a. 8＋2→桌上有 8 個蘋果，若加入 2 個，請問共有幾個蘋果？

b. 8－2→店裡有 8 個蘋果，若賣掉 2 個，請問還有幾個蘋果？

c. 8×2→一盒蘋果有 8 個，我買了 2 盒回家，請問家裡有幾個蘋果？

d. 8÷2→

（1）　桌上有 8 個蘋果，平分給 2 個人，請問每一個人分到多少？

（2）　桌上有 8 個蘋果,媽媽說一天能吃 2 個,請問幾天後會吃光？

【情況二】

a. 0＋8→桌上有 0 個蘋果，若加入 8 個，請問共有幾個蘋果？

b. 0－8→店裡有 0 個蘋果，若賣掉 8 個，請問還有幾個蘋果？

c. 0×8→一盒蘋果有 0 個，我帶了 8 盒回家，請問家裡有幾個蘋果？

d. 0÷8→

（1）　桌上有 0 個蘋果，平分給 8 個人，請問每一個人分到多少？

（2）　桌上有 0 個蘋果,媽媽說一天能吃 8 個,請問幾天後會吃光？

【情況三】

a. 8＋0→桌上有 8 個蘋果，若加入 0 個，請問共有幾個蘋果？

b. 8－0→店裡有 8 個蘋果，若賣掉 0 個，請問還有幾個蘋果？

c. 8×0→一盒蘋果有 8 個，我買了 0 盒回家，請問家裡有幾個蘋果？

d. 8÷0→

（1）　桌上有 8 個蘋果，平分給 0 個人，請問每一個人分到多少？

（2）　桌上有 8 個蘋果,媽媽說一天能吃 0 個,請問幾天後會吃光？

討論區：

【情況一】
a. 10 個。
b. 6 個。
c. 16 個。
d.（1） 4 個/人。
　（2） 4 天。

【情況二】
a. 8 個。
b. 一般情況是不能賣。有些特殊時候是預售，或可說是欠著客人 8 個。
　 或可說成（-8）。
c. 0 個。
d.（1）0 個/人。（2）0 天。
　（1）確實大家都沒拿到蘋果，就是一人拿到 0 個蘋果。
　（2）桌上根本就沒有蘋果，連 1 天都不用等待，現在就已經吃完了。

【情況三】
a. 8 個。
b. 8 個。
c. 0 個。
d. 說不出答案。

　（1） 桌上有 8 個蘋果分給 0 個人，意思是根本就沒有人來拿蘋果，
　　　　那 8 個蘋果原封不動還在桌子上，所以不能問一個人拿多少？
　　　　這題是不適當的問題。
　（2） 一天吃 0 顆，那 8 個蘋果一直放在桌上，可能會壞掉，但不會
　　　　被吃完，怎麼會問幾天清空呢？這也是一個不太適宜的問題。

【結論】
除法的被除數可以是零，但是除數不宜是 0。而加減乘三法則皆可。

寫在後面

我們都感受一下，看不見是一種怎麼樣的心情？

「有些時候，即使努力了，我仍舊讀不懂。在這個環境裡學習很孤獨，我好像是個失明的人，我真的讀不懂」。

大人抽象經驗總是多一些，而我們老師更以數學教育為職業，我們的數學視線也可能相對敏銳光明一點。所以我們容易忘記，有人學數學時和我們的「感覺」不同。

我們對學生得要求學習態度，但我們也要更尊重孩子個人學習速度差異。數學老師的專業素養中，有一部分極重要的：「要能夠帶著視力不同的孩子去爬山，去看風景，而且都要能看到風景」。

技術上不能只有一種套路，得要有不同軌的語言，隨時作變速。心態上，也要調整水位高低，這是一個學習落差大的科目，我們並不容易成功，但是我們就是要作足教學準備，不要放棄每一次有更好建構的機會。

互動的時候，如何與孩子抵抗到最後一秒，老師的口袋裡永遠得有預備招式：「你不懂的時候，我該如何具體讓你懂」、「你懂了以後，我如何能找機會，再挑戰你抽象的下一步」。

一堂好的課堂，必須要能夠激勵到孩子，讓他們享受到思考的樂趣，也去欣賞每個人不同的見解，一個題目願意嘗試兩三種不同方法，並且很誠心的敞開心胸，這樣熱血的數學課如果你經歷過，你會明白集體的力量有多大，會的人拼命去教不會的人，不會的人奮力不懈的去追問，老師主攻初步建構，最終也在適當時機，進行遠觀點、高觀點的知識整合，這是一幅多麼美好的畫面。

學習若能敞開、再敞開，這將會鼓舞起一種隱形的力量，我們這些愛學數學的人，好不願意看見永遠安安靜靜的數學教室，只有老師在講，學生不知道聽不聽得懂，不問也不想改變，會的人也從不去幫助別人。

一堂引人入勝的數學課是要思考互動，甚至要有些適度的激動，「合作」應該要出現在今日普遍乾渴、孤獨的數學課堂裡。

而老師的角色，除了要有觀念立基、穿針引線的能力和作為，每個人都應該要多輸出自己的資訊，新的教法，分享給其他老師，無論教得好不好，誠實說出來，我這個單元怎麼教，我遇到什麼問題，有沒有別的教法，背後數學歷史有哪些，更高度的思考又是什麼。我們心裡都清楚，我們從《數學教材教法》裡學的東西已經遺忘，也用不出來，學生給我們的反饋，現場看到一幕一幕最真實的反應，課後老師之間不斷的檢討修正，這才是我們老師實際成長的營養來源。

我們和一般父母差異是什麼？老師們獨有的專業是什麼？如果沒有差異、也沒有獨有專業，甚至沒有熱情，沒有技巧，說真的，我們恐怕也未完全盡到責任。

都把話說出來吧，你怎麼教，我怎麼教，我願意把我的爛方法拿出來講，我下次想教得更好，我也願意分享我的好方法，我就可以幫助到更多人，如同我們所鼓勵孩子的，我們老師也要合作、也要敞開。

根據著這個信念，這兩年多來，筆者花了零碎的時間，把一部分對話紀錄作了整理，編輯出了這本小書，我勉勵自己，就由自己開始，參與這樣的改變，就算我很普通，我也願意把我的普通說出來，只要說出來，我就得益，也會有不認識的老師、父母有所思考、有所震盪，最重要的，會有孩子那端的收成，而一切努力就值得了。

基礎科目教學我始終認為，不需要有智慧保留，成功不必在我，任何好方法，讓孩子能夠爬上山，我都樂意當個階梯石。

小在改變學習氛圍，大到影響孩子正向心智，老師的努力，絕對都值得。而路雖有蜿蜒，但每開啟一個步伐，便又離終點近了一點。與大家相勉。

羅一亮　交稿　慕雅出版社

國家圖書館出版品預行編目(CIP)資料

我與孩子的數學對話 / 羅一亮著. -- 初版. --
臺北市 ： 慕雅文化, 2018.05
面 ； 公分
ISBN 978-986-96502-0-5(平裝)

1.數學教育 2.小學教學
523.32   107006807

© 《我與孩子的數學對話》

著作人：羅一亮

出版社：慕雅文化出版社

讀者服務：muyaculture@gmail.com

發行人：劉苑玉

創意總監：AMAY.L

編輯小天使：施亮亮、王小褕、鄭誠誠

美術設計：宥慈廣告文化傳播有限公司

代理經銷：白象文化事業有限公司

地址：40144 台中市東區和平街 228 巷 44 號

電話：04-2220-8589

印刷製版：日日昌科技印刷有限公司

地址：台北市新生北路二段 129-1 號

電話：02-2567-5896

初版一刷：2018 年 7 月 1 日

定價：新台幣 300 元/港幣 80 元/人民幣 65 元

若需引用，請註明出處。
僅供父母、或學校課堂，非商業行為之使用。

若您需要多量訂購，請來信慕雅文化：muyaculture@gmail.com
ISBN 978-986-96502-0-5 Printed in Taiwan. All Rights Reserved.